Kirsty Gunn
Untreuen

Kirsty Gunn

Untreuen

Kurzgeschichten

Aus dem Englischen
von Uda Strätling

OKTAVEN

Die Originalausgabe mit dem Titel *Infidelities* erschien 2014 im Verlag
Faber & Faber Ltd, Bloomsbury House, 74-77 Great Russell Street,
London WCIB 3DA.

1. Auflage 2020

Oktaven

ein Imprint des Verlags Freies Geistesleben
Landhausstraße 82, 70190 Stuttgart
www.geistesleben.com

ISBN 978-3-7725-3021-0

Gestaltungskonzept: Maria A. Kafitz
Umschlagfoto: André Kertész (© bpk / Ministère de la Culture –
Médiathèque du Patrimoine, Dist. RMN-Grand Palais / André Kertész
Satz: Thomas Neuerer
Druck: GGP Media GmbH, Pößneck
Printed in Germany

Für Amelia und Katherine

So fängt es an ...

«Diese Geschichten lagen immer bei mir», sagte ich.

«Wie meinst du das?»

Richard bedachte mich mit diesem gewissen Blick, einem Blick, der mit der späten Stunde und dem gemeinsam in einer schicken Bar konsumierten Tequila zu tun hatte, aber eben auch ein Blick, der verriet, dass er mich sehr gut kannte.

«Wie meinst du das?», fragte er noch mal.

Wir hatten über meine Erzählungen gesprochen, den Band, den ich zusammengestellt hatte, über die Art Geschichten, die mich interessieren und die Richards Ansicht nach genau die Art von Geschichten waren, die sich nicht verkauften. «Kurzgeschichten liest sowieso niemand», hatte er zuvor schon bemerkt. «Die Leute finden, es passiert darin nicht genug.»

«Ich meine, dass von Anfang an *ich* dahinterstand», sagte ich. «Die Auswahl, die Ideen zu den Geschichten, die ich geschrieben habe. Es lag ganz bei mir. Das war immer ich, dahinter, ich stecke mit drin. In der zum Beispiel, von der ich dir gerade erzählt habe, von der Frau und ihrem Mann, der Geschichte, die ich ‹Untreue› nenne ... Du weißt schon. Aber in jeder von ihnen. In allen Geschichten. Ich könnte nie so tun, als wären sie wie von selbst auf dem Blatt erschienen, weißt du. Ich war ja da.»

«Puh», meinte Richard. Er leerte sein kleines Tequilaglas und setzte es ab. «Das warst du allerdings.»

«Wie ich jetzt hier bin.»

«Alles dein Werk, keine Frage.» Auf Richards Gesicht erschien das lange, langsame Lächeln, das ich so gut kannte. «Du stehst abseits, das hat schon der alte James Joyce vom Künstler gesagt.» Er klopfte an sein kleines Glas. «Der irgendwo im Hauseingang lungert und Fingernägel kaut oder was immer –»

«Nicht ‹kaut›» sagte ich. Ich trank jetzt selber von meinem Tequila. Hundertprozent Agave, wie es meine Freundin Jennifer aus Mexiko forderte, was anderes komme nicht in Frage.

«‹Schneidet› heißt es», sagte ich zu Richard und nahm einen weiteren Schluck. «Sich die Fingernägel schneidet. So formuliert es Joyce, so lautet seine Definition des Künstlers – abseits –, aber ja, du hast recht, da sind sie: er, sie ...»

Richard schüttelte den Kopf und machte noch mal «Puh». Ich beugte mich vor und küsste ihn rasch, nicht auf die Stirn oder die Wange, sondern auf den Mund. Da schloss er die Augen. Und ich schloss meine. Als ich sie aufschlug, waren seine längst wieder offen, sein Blick tief.

Richard. Richard, Richard, Richard. Noch immer er selbst, noch immer der Alte nach so langer Zeit, derselbe wüste und bildhübsche Kerl, der es mir vor so vielen Jahren schon angetan hatte. Derselbe Richard. Der es mit dem Trinken übertrieb. Der es mit allem übertrieb – aber so, als könnte ihm nichts etwas anhaben. Käme nichts an ihn ran. Er trug noch immer Klamotten, wie er sie getragen hatte, als wir ein Paar waren, roch noch genauso – nach Rauch und Leder und irgendeinem altmodischen Rasierwasser, nach legendärem Club aus den Achtzigern. Richard. Richard, Richard, Richard.

«Der Künstler steht abseits, gleichgültig», sagte ich und merkte, dass ich die Stimme stark gesenkt hatte. Ich flüsterte fast. «Joyce sagt ausdrücklich ‹abseits›», erklärte ich. «Aber ich ... ich bin nicht so. Ich bin nicht wie er. Ich stoße nicht zufällig auf etwas und verwende es. Ich stoße nicht auf eine Geschichte und schreibe sie auf. Nein. Ich bin von Anfang an da. Ich bin kein bisschen gleichgültig, verstehst du. Ich bin mittendrin.»

Inzwischen hielt Richard meine Hand. Mit dem Daumen rieb er sanft über meinen Zeigefinger.

«Ich sollte gehen», sagte ich. «Es ist spät. Das ganze Gerede über Kurzgeschichten, meinen Band ... ich hätte nie davon anfangen dürfen. Dich da reinziehen.»

«Und prompt willst du plötzlich nach Hause.» Richard klopfte mit dem Daumen an meinen Finger. «Aber du musst nicht, noch nicht. Ruf deinen Mann doch einfach an, deine Kinder.»

«Für Anrufe ist es zu spät.»

«Wie dem auch sei», sagte Richard. «Ich möchte, dass

9

du bleibst, dich nicht vom Fleck rührst. Wir sind hier doch gut aufgehoben, wir beide ...» Mit einer knappen Kopfgeste erinnerte er an unsere Umgebung, das Restaurant mit den gelben Leuchten und dem vielen Marmor, den blanken Kübeln, dem Sekt, den Austern und dem Eis. «Ich möchte hier noch mit dir sitzen», sagte er. «Ein Weilchen. Bitte. Geh noch nicht.»

«Ach du», sagte ich.

«Kurzgeschichten liest sowieso niemand», sagte er zum zweiten Mal an diesem Abend. «Also brauchst du dir gar keine Sorgen zu machen. Nichts kann uns was anhaben. Dir und mir. Und was du geschrieben hast ... ist alles nur hier» – er tippte mir an die Schläfe – «und hier» – und berührte mein Herz. «Nirgends sonst.»

«Es steht alles in dem Buch», sagte ich. «*Untreuen*. Schon vergessen? Der Band ist fertig, er ist komplett.» Und ich beugte mich vor und küsste ihn richtig, ich küsste ihn auf seinen herrlichen Mund.

«Ich bin froh, dass wir zusammen weggegangen sind», sagte er, als ich von ihm abließ. «Lass uns wegbleiben. Wer weiß. Vielleicht gehen wir nie wieder heim, du und ich. Vielleicht sagen wir einfach, wir kommen nicht wieder.»

Inhalt

WEGGEHEN

So könnte sie sich die Geschichte erzählen

Bobby war spät aus dem Pub heimgekommen und meinte, alle dort hätten nur davon geredet. Von diesem Typ,
richtig authentisch, sagte er, aus Tibet oder so, dem Aussehen nach, im safrangelben Gewand mit seiner kleinen
Schale, stumm wie ein Fisch. Ist gerade erst einfach so
mitten im Ort aufgetaucht und hat irgendwie eine Position eingenommen, so seine Worte, direkt in der Markthalle unter der Uhr.

Das war ... wann? Vor zwanzig Jahren gewesen? Mehr.
Und doch kommt es Helen selbst jetzt, nach so langer
Zeit, wo sie über das alles nachdenken, auf Episoden ihres
Lebens zurückblicken und sie bedenken kann – *sich in sie
hineinversetzen*, scheint ihr manchmal –, so vor, als hätte
damals irgendwie etwas für sie begonnen, an jenem Tag,
in jener Nacht, oder beginne vielmehr weiterhin. Es zeigte sich schon in Bobbys damaliger Formulierung: «hat
irgendwie eine Position eingenommen». Als hätte sogar
er schon in der Wortwahl geahnt, dass dieses Bild, ein
Mönch aus einer anderen Welt, sich mitten in ihre Ehe
pflanzen könnte, zwischen sie beide, und klarmachen, wie
weit sie auseinander waren.

Helen hatte ihn reden lassen und weiter Geschirr in die Spülmaschine geräumt. Bobby beschrieb immer alles, was passierte, wie persönlich erlebt – was in der Welt vorging, im Irak etwa oder in Irland –, als wäre er selbst gerade dort gewesen, wo doch jedermann wusste, dass er einfach wie eh und je zur Arbeit in die Agentur fuhr, seine Werbetexte schrieb und abends auf dem Heimweg von der Bushaltestelle auf ein Bier im Black Lion vorbeischaute. Das konnte er gut, Reden schwingen. Sie hatte das restliche Kindergeschirr in die Maschine geräumt, die kleinen Teller und die Fläschchen, hatte die Tür zugedrückt, hatte ihn reden und sich einer Sache bemächtigen lassen, an der er keinen Anteil gehabt hatte, ihn davon ausgehen lassen, dass sie da keinen Unterschied machte. Jetzt sprach er über die tibetische Praxis und was es hieß, in der heutigen Zeit Mönch zu sein, was es wohl bedeutete, einen hier in ihrem kleinen Ort in Oxfordshire auftauchen und sich in der Markthalle niederlassen zu sehen, genau dort, sagte er, wo Helen im vergangenen Sommer ihren Bio-Stand gehabt hatte, als ihr, sie erinnere sich gewiss, nach dergleichen noch der Sinn stand.

Da setzte sich Helen hin. Zu Bobby an den Küchentisch, bei laufender Spülmaschine und hinter ihr auf dem Herd der köchelnde Eintopf ... Sie sagte: «Hör mal, ich weiß.»

Das hatte sie immer tun müssen, um auf sich aufmerksam zu machen, sich hinsetzen und ihm direkt ins Gesicht sehen, ihn frontal ansprechen, damit er sah, dass ihr Mund sich bewegte ...

Also hatte sie gesagt: «Hör mal, ich weiß.» Dort direkt vor ihm, und sie erinnert sich jetzt an seinen Gesichtsausdruck, als sie ausgeredet hatte, der zwar nur momentan, aber doch panisch gewesen war, ja, panisch.

Er war aufgestanden, um sich aus dem Kühlschrank ein weiteres Bier zu holen.

Das lag natürlich an seinem Job. Zu dem gehörte ja der vertraute Klang der eigenen Stimme und das Wissen darum, dass man die Leute damit, wie man redete, mindestens so sehr überzeugte wie mit dem, was man sagte. Seit Helen Bobby kannte, hatte er das von sich behauptet, als wäre er stolz darauf, und hatte Helen alles stehen- und liegenlassen und sich direkt vor ihn setzen müssen, um seinen Redefluss zu bremsen. *Interessiert dich überhaupt, was ich sage?*, hatte sie sich oft in den ersten Wochen gefragt, als sie und Bobby langsam häufiger miteinander weggingen und sie merkte, dass er sie auf Partys, in bestimmten Bars und Restaurants, wenn andere dabei waren, einfach nicht hörte, ja nicht einmal sah. Geschweige denn anziehend fand, wusste sie, wenn sie sich nicht direkt in sein Blickfeld schob. *Nicht genug, offenbar ...* hatte sie damals gedacht, aber sie waren dann trotzdem zusammengekommen und hatten Spaß gehabt, oder nicht, eine Weile? Dann hatten sie geheiratet, und es gehörte einfach zu ihrem gemeinsamen Leben, und Helen kannte es bald nicht anders, als dass Bobby redete und sie zuhörte in Situationen wie der an jenem Abend in der Küche – nur sagte sie diesmal zu ihm außerdem: «Ich war da. Ich habe den Mönch selber gesehen.»

Bobby nahm einen ordentlichen Schluck Bier, zuckte mit den Achseln, als dächte er: «Na und?» Die Flasche, die er aus dem Kühlschrank geholt hatte, schien fast schon leer, doch dazu konnte Helen schlecht etwas sagen. Schließlich war sie selbst längst bei ihrem Weißwein und sorgte dafür, dass das Glas stets mindestens halb voll war. Denn auch das gehörte zu ihrer Ehe, oder nicht? So hielt es Helen, wenn sie kochte und auf Bobbys Heimkehr wartete, das Geschirr hervorholte und darauf achtete, dass der Fernseher nicht zu laut lief und Winnie oder die Jungen weckte.

Aber sie wusste tatsächlich Bescheid. Über den Mönch und seine kleine Schale. Wie jeden Morgen hatte sie Win gerade zu ihrer Spielgruppe gebracht und die Babys mit leisem Unbehagen in ihren Körbchen im Haus zurückgelassen, sodass sie es wie immer eilig hatte, wieder heimzukommen, ehe sie womöglich aufwachten und merkten, dass sie fort war ...

Nur war sie an diesem Morgen, als sie den Fußweg an der Kirche hinabeilte, von Elizabeth Ferry aus der Pfarrei aufgehalten worden, die ihr von dem «Wunder» erzählte, das sich auf dem Dorfplatz vollziehe. Dort sei ein prächtiger tibetischer Mönch, hatte Elizabeth gesagt, sei einfach mitten unter ihnen erschienen und sitze jetzt unter der Uhr in der Markthalle, und ob Helen nicht hingehen und sich zu ihm setzen könne, und sei es nur für einen Moment? Sie könne ihm ja ein paar Münzen in seine «knuffige Tonschale» werfen, wie sie sich ausdrückte, grob und unförmig, weißt du, als hätte er sie eigenhändig aus Lehm geformt. Elizabeth hatte gar kein Ende gefunden, während Helen sie die ganze Zeit zu unterbrechen suchte, damit sie zu den Zwillingen zurückkäme, aber dann hatte Elizabeth hinzugefügt, dass alle im Ort, *besonders* die Kirchgänger – das hatte sie *besonders* betont – hingehen und beim Mönch verweilen sollten, ein paar Minuten wenigstens, um zu demonstrieren, meine ihr John, dass die Kirche andere Glaubensrichtungen, andere Formen der Andacht und Wege zu Gott begrüße, mehr noch, unterstütze.

So war sie einfach, Elizabeth. John mochte der Pfarrer sein, aber es war damals seine Frau, die «hinausging», wie sie es nannte, unter die Pfarrkinder, Kontakt suchte und zu mehr Spiritualität ermutigte. Was Elizabeth wohl heute treibt?, fragt sich Helen. Das Gleiche, vermutlich, während John wie eh und je in seiner Klause hockt und liest und betet. Er war offenbar Anglo-Katholik, oder jedenfalls gewesen. Das hatte Helen mal von einer Nachbarin gehört. Dass John anfangs ganz angetan gewesen sei von dem ganzen Brimborium mit dem Weihrauch und den Heiligen. Als sie aber damals im Ort auch in die Kirche ging, nicht ganz regelmäßig, aber oft genug, um sich dazugehörig zu fühlen, hatte sie ihn immer eher als presbyterianisch empfunden, von dem Schlag, der ihr vertraut war, eigentlich, besonders mit einer Frau wie Elizabeth und ihrem Gerede vom Islam, vom Buddhismus und anderen Religionen. John selbst, fällt Helen ein, hatte vor allem von Kindern gesprochen, wenn er sonntags vor ihnen stand. Davon, dass die kindliche Einbildung ein Glaube eigener Art sei. Was für eine schöne Idee, findet sie heute. So gar nicht das, was man von einem erwartete, der mal Anglo-Katholik gewesen war. Oder doch? Damals war Helen davon ausgegangen, solche Bemerkungen seien vor allem darauf angelegt, mehr Leute in die Kirche zu locken, aber im Rückblick ... Nun, vielleicht war Johns Interesse am Geheimnisvollen, an der Einbildungskraft dasselbe gewesen wie die Liebe zu Weihrauch und Kerzen ... So war es letzten Endes wahrscheinlich. Und doch war ihr das an jenem Morgen seltsam erschienen. Dass Elizabeth sie angehalten und mehr oder weniger hatte durchblicken lassen, John sei diesmal derjenige, der die Leute zu etwas auffordere. *Besonders Kirchgänger*, das hatte Elizabeth gesagt. Kein Wunder, dass es im Pub Tagesgespräch gewesen war – dass der scheue John sich äußerte und Elizabeth alle Welt zu dieser besonderen Geste anhielt.

Helen jedenfalls hatte auf ihre Uhr gesehen und zu ihr gesagt: «Okay, fünf Minuten habe ich wohl», eingedenk der daheim schlafenden acht Monate alten Babys, die sie prompt vor Augen hatte, kleine Bündel in ihren Körbchen, schlafend noch, aber wer weiß, was alles passieren konnte, wenn sie aufwachten. Trotzdem sagte sie okay. Zeigte «guten Willen» – ein Spruch von Bobby, mit dem sie beide seit ihrem Zuzug aus London dergleichen bedachten, seit Winnies Geburt und der der Zwillinge und Helens zwangsläufigem Bemühen, sich ans ländliche Leben anzupassen. «Guten Willen» zeigen hieß, dass sie alles Erforderliche zu tun bereit wäre, um wie die anderen zu sein, die anderen Frauen im Ort, oder zumindest willig – meinte Bobby. Der war ihr mit diesem Spruch gekommen, als Strategie zur Überwindung der Großstadtarroganz gegenüber den Bewohnern englischer Marktflecken wie des ihren, und er war von seiner Wortfindung begeistert gewesen, weil sie Überlegenheit suggerierte, während man trotzdem die gesellschaftlich gebotenen Kontakte knüpfte, die so unverzichtbar waren an diesen abgelegenen konservativen Orten ein, zwei Stunden von London und damit quasi im Einzugsbereich, aber dennoch im Herzen der Home Countys. Es ging darum, als «verlässlich» zu gelten, auf – wie hatte Bobby sich ausgedrückt? – «Landei» zu machen. Aber was wusste er schon, denkt Helen jetzt, schließlich ebenso Großstadtpflanze wie sie, von Landeiern, und doch hatte sie guten Willen gezeigt. Bobbys Dämmerschoppen im Black Lion zählten da nicht. Denn guten Willen zeigen hatte so viel mehr verlangt, als einfach an der Bar mit Leuten abzuhängen, oder nicht? Es hatte bedeutet, Dinge zu tun, bei denen sie sich manchmal albern oder verkrampft vorkam und die sie trotzdem tat, um kontaktfreudig zu erscheinen, etwa den Bio-Stand betreiben mit einem Tapeziertisch, von dem sie Kartoffeln, Salat und Obst verkauft hatte, im Jahr, bevor all das passiert war. Damals hatte sie in der Tat guten Willen gezeigt, war Inbegriff der Bemühung und Kontaktfreude gewesen, wenn sie mit Nachbarn scherzte und Wechselgeld herausgab. Als strahlende Schwangere hatte sie sich damals sehen wollen. Vor sich die eigenen Bioprodukte, neben sich ein spielendes Kleinkind. Hatte jeden Freitag in der Markthalle guten Willen gezeigt, bis die Last ihres dicken Bauchs zu viel wurde, bis die in ihr größer und größer werdenden Zwillinge zu sehr zehrten und sie den Stand hatte aufgeben und, isoliert und erleichtert, daheimbleiben müssen.

Schon damals hatte Helen gewusst – das sieht sie heute glasklar –, dass sie sich mit dem Verzicht auf den Markt eigentlich eingestand, im Innersten nie so verlässlich werden zu können, wie Bobby das vorschwebte. Egal, wie viel guten Willen sie auch zeigen mochte, sie würde nie zu einer werden, die sich nicht mehr änderte oder anderes wollte. Während sie zugleich ahnte, dass die übrigen

Frauen im Ort aber tatsächlich so waren, fröhlich, mit festen Gewohnheiten. Die huschten nicht in die Kirche und wieder hinaus, als gehörten sie da nicht recht hin, sie blieben hinterher noch und tranken miteinander einen Pulverkaffee, sie engagierten sich im Kirchenvorstand und bei den Bazaren. So war es auch in der Spielgruppe, in die sie Win brachte und wo sie umgeben war von Frauen, die sich in ihrer Rolle als ‹Mum› pudelwohl fühlten, mit ihren Gärten und Ehemännern und ihren ruhigen Abenden vor dem Fernseher ... Nur, wie hatte Helen sich je einbilden können, dass sie in einem solch gesicherten Dasein ihren Platz gefunden habe, wo in ihr doch immerzu so etwas wie Panik aufstieg; sie wuchs im Laufe des Tages und ebbte erst abends, wenn sie sich das erste Glas Wein einschenkte, langsam ab, um sich gleich am nächsten Morgen zurückzumelden und sie, dunkel und lüstern, zu vereinnahmen.

Heute sieht sie, dass sie sich damals permanent veränderte – da die eine war, die an der Kirche auf Elizabeth traf, dort die andere, die Bobby abends ins Bett schaffen und sicherstellen musste, dass sie selbst ein großes Glas Wasser am Bett stehen hatte für den zu befürchtenden Nachdurst und die Übelkeit. Nein, sie war nicht verlässlich, das hatte sie damals ebenso gut gewusst wie heute. Nur war das damals überlagert gewesen von dem Dauerzustand Bobby, der Gewohnheit, ihn zu umsorgen und mit ihm zusammen zu sein. Also war das Haus ordentlich, waren die Zwillinge und Winnie gut versorgt, sauber, adrett, und niemand hätte im Traum gedacht, nicht wahr, dass darunter dieses andere Leben verlief – sich überstürzend und unsicher und, ja, beängstigend –, begleitet von dem Gefühl, dass einfach alles passieren konnte, alles Mögliche. Deshalb hatte sie doch Bobby geheiratet, oder nicht? Um sich vor diesem Gefühl zu schützen? Deshalb hatte sie ihm zugehört, ihn endlose Reden schwingen lassen. Als könnte sie ihr Leben in eine Geschichte verwandeln, die wer anderes erzählte – eine seiner Geschichten, genau genommen –, als könnte eine Geschichte dich beruhigen und im Dunkeln besänftigen, die Leere mit Worten füllen und Sprüchen und Sätzen, damit du schlafen kannst.

Wie dem Wort «verlässlich». Damals, findet Helen heute, war ihr Kopf vollgestopft mit solchen Wörtern und Gedanken – sie sollten sie möglichst zu einer machen, die guten Willen zeigte und das Richtige tat. Folglich war sie an jenem Tag natürlich wie versprochen zur Markthalle gegangen, und tatsächlich, da war er, der Mönch, gleich dort unter der Uhr, wie es Elizabeth gesagt hatte. Er saß im Lotussitz in seinem gelben Gewand mit seiner kleinen Schale da ... *nahm irgendwie eine Position ein*. Nur sprach hier diesmal nicht Bobby. Dies war keine seiner Geschichten. Denn Helen hatte den Mönch gesehen. Sie hatte ihn selber gesehen.

Der Moment überwältigt sie, genauso wie damals. Denn schien das Ganze nicht, zunächst, unglaublich?

Er glich einer Statue, saß auf diese anmutige Art mit gesenktem Kopf da, die nackten Füße gelenkig im Schoß verschränkt, auf dem Gesicht ein Lächeln, wie man es aus allen Reisebroschüren über Tibet kannte. Wie das Lächeln der Mönche bei der Ausstellung zur tibetischen Kunst im

Victoria & Albert Museum oder auch jener anderen im Metropolitan Museum seinerzeit, als sie bei einer alten Freundin ihrer Mutter in New York gelebt und die sich um sie gekümmert hatte, während Helen sich über ihr Leben klar zu werden und zu entscheiden bemühte, ob sie Bobby überhaupt heiraten sollte, und als man Mönche aus einem Kloster irgendwo in Indien eingeflogen hatte, die Sand-Mandalas auf dem Boden schufen ...

Wie viel davon ihr aber in dem Moment wieder einfiel, als sie den Mönch erblickte – das vermag Helen nicht mehr genau zu sagen. Das kommt irgendwie daher, dass heute über die Details nachzudenken, über jenen Tag und das, was folgte ... dass dieser Erinnerungsprozess weitere Erinnerungen heraufbeschwört. Und auch wenn sie nicht recht weiß, ob ihr damals so war, als kehrte beim Anblick des Mönchs wirklich schlagartig jene Phase ihres Lebens so deutlich zurück, die Erinnerung an ihre Zeit in New York ... weiß sie, dass ihr jetzt so ist. Als wäre ihr gesamtes Leben um ihn aufgestiegen. Wer sie gewesen war. Was sie getan hatte. Die Erinnerung daran, wie frei sie sich in New York gefühlt hatte, aber auch wie panisch – weil sie erkannte, dass eine Entscheidung anstand, die sehr genau überlegt sein wollte, während sie doch blindlings darauf zustürmte, zustürmte inmitten der Clubs und Bars und der Partys, in New York herumhetzte und wusste, dass Bobby drüben in London wartete, wartete ...

Sehr deutlich hatte sie allerdings wahrgenommen, wie sich der Tag, der Morgen, wie sich jedes Detail um den Mönch – die dunklen Steine und Ziegel der Markthalle, die Vergoldung des Zifferblatts an der Uhr, das klare Porzellanblau des sommerlichen Himmels, wirklich frisch und gestochen scharf und wie blankes Porzellan, weil es in der Nacht zuvor geregnet hatte – aufzuladen schien, genauso war es, findet Helen noch heute, es «lud sich auf», jedes Detail bot sich ihr in seiner ganzen, wesenhaften Bedeutung dar. Und vor diesem Hintergrund, diesen *Dingen*, ihrer *Dinghaftigkeit* sozusagen, vor den Steinen und dem Himmel, gab es die leuchtenden Farben des safrangelben Gewands, der kleinen Tonschale, des hellen Strohs der Matte ... die Aspekte des Mönchs, die, wo sie ihr doch direkt vor Augen standen, zu einer ganz anderen Sphäre zu gehören, einem Ort jenseits ihrer selbst zu entstammen schienen, ätherisch, ihr gänzlich unbekannt, einer Hoffnung, einem Glauben oder einem Traum.

In dem Moment fing für sie etwas an. Sie verspürte den starken Drang, den sie natürlich sofort unterdrückte, die Hände zusammenzulegen wie zum Gebet, wie der Mönch, und sich ihm zuzuneigen ... Sie hatte es nicht getan, nichts unternommen, was verrückt oder bedürftig hätte wirken können. Stattdessen hatte sie es trotz des anfänglichen Gefühls von Glauben, Ungläubigkeit und Staunen geschafft, sich genau so zu verhalten, wie Elizabeth es gewünscht hatte. Sie hatte sich dem Mönch genähert, behutsam ein paar Münzen und einen zerknitterten Schein in die Bettelschale an der Ecke der Matte gelegt und langsam, auf sehr verlässliche englische Art gesagt: «Willkommen.»

Der Mann hatte ihr in die Augen gesehen. Wortlos.

Das «Willkommen» hatte sicher seltsam geklungen, aber Helen war sich deswegen nicht blöd oder verkrampft vorgekommen – in Grunde war es, als ginge sie in einen

Traum ein. Alles verlangsamte sich. Es lag in der Luft um den Mönch eine Stille, die Helen mit einschloss – als wäre die Stille in sie gedrungen und Teil von ihr geworden. Ein Gefühl, von dem Helen heute ganz anders als damals weiß, es war Ruhe. Erst als Margaret Cockburn, eine Nachbarin, kam und zum Mönch hintrat und in ziemlich der gleichen Weise wie Helen zu ihm «Willkommen» sagte, war ihr, als fielen ihr mit Schrecken die daheim allein gelassenen Zwillinge wieder ein, und da war sie davongestürzt und mit rasendem Herzen die Treppe hinaufgeflogen, drei Stufen auf einmal. Doch die Jungen lagen da noch genauso, wie sie sie zurückgelassen hatte, still und zufrieden, und regten sich erst, als sie sich über sie beugte und sie mit ihrem Keuchen erschreckte. Sie blieb dort einige Zeit über ihnen stehen, betrachtete sie und lauschte den kleinen Schmatzlauten der sich in Erwartung des nächsten Fläschchens öffnenden und schließenden Münder ... Doch schon dabei dachte sie nur noch an den Mönch unten im Ort und den Moment, da sie vor ihm gestanden und alles als so still empfunden hatte wie ein Gemälde, vor dem sie verweilen könnte, und an das Gefühl, solange sie verweilte, nie wieder Panik oder Angst oder tiefste Verzweiflung erleben zu müssen.

Den ganzen Tag damals hatte sie an nichts anderes gedacht. Das Gefühl beschworen. Es zurückzugewinnen versucht. Sodass sie zwar nicht wirklich verstand, weshalb sie den Mönch noch einmal sehen musste, nur wusste, dass es so war – also hatte sie die Jungen in den Kinderwagen gepackt und einen neuerlichen Besuch vor sich selbst mit der Notwendigkeit gerechtfertigt, Winnie von der Spielgruppe abzuholen.

«Es ist ein toller Astronaut bei uns zu Besuch», hatte sie ihrer Tochter gesagt, als sie sie an der Tür zum Gemeindesaal abfing. «Wollen wir mal gucken gehen, wir beide?»

Winnie hatte mit ihrem von den morgendlichen Spielen verwuschelten Haar zu ihr hochgesehen, so wunderbar erhitzt, als breite sich wellenförmig, fand Helen immer, die Sicherheit ihrer kleinen Tochter aus, deren kleiner Körper so fest und in der Welt so sicher verankert schien.

«Können wir John-John und Barney mitnehmen?», fragte sie. Sie lugte zu den Zwillingen hinab und schnitt für sie eine Grimasse, bei der die beiden vergnügt strampelten.

«Natürlich», sagte Helen.

«Okay.»

So hatte Helen es angestellt, hatte es selbstverständlich erscheinen lassen, dass sie abermals hinmusste, wo sie bereits am Morgen gewesen war, um dort einfach noch mal stehen zu können. Sie hatte eine Tasche für eventuelle Einkäufe mitgenommen, als wären Besorgungen vielleicht der Grund für den Gang zum Marktplatz, und bei sich, als eine Art Alibi, die Tochter, der sie nachher ein Eis kaufen könnte oder eine Tüte Bonbons – denn was wäre sie damals manchmal gewesen ohne Winnie und ihren strammen kleinen Körper? Neben sich auf ihren Wegen und in den Läden, Winnie, die ihr einen Grund gab, da zu sein, die ihr zu tun gab? Die Hand einer Tochter konnte immerhin die der Mutter halten und sie schützen. Und wo, fragt sich Helen, wäre sie, selbst heute, ohne diesen Halt, wo?

Sie hatte zu Winnie runtergesehen, um sich zu vergewissern, dass das Kind es nicht seltsam fand, nicht schnurstracks heimzukehren, doch Winnie hatte sich schlicht den Daumen in den Mund geschoben und um Helen herumgelugt, um den Jungen zu winken, die Helen im Kinderwagen vor sich herschob. Die Zwillinge strampelten und wanden sich und krähten vor Vergnügen.

«Er ist wie ein richtiger Astronaut, weißt du», sagte Helen zu Win. «Er hat allerdings ein gelbes Gewand, also mehr wie Jesus.»

Winnie nickte, ohne den Daumen aus dem Mund zu nehmen. Eigentlich war es Zeit für ihr Sandwich, für ein Glas Milch und ihren Mittagsschlaf, sagte sich Helen. Sie sollten heimgehen. Und doch schwenkte sie den Kinderwagen herum und hielt auf den Marktplatz zu, weil sie glaubte, wenn sie ihn nur ein Mal noch sehen, ihn in den Blick nehmen könnte, den Mönch, das vorige Gefühl von Ruhe und Stille wiedererleben und dieses innere Bild würde mitnehmen können wie ein Foto – sie brauchte dazu nicht einmal besonders nah herangehen ... Doch als sie eintrafen, war er von so vielen Menschen umringt gewesen, dass sie nicht einmal einen Blick auf sein gelbes Gewand erhaschte. Dann fing einer der Jungen an zu quengeln, John, und Winnie sagte: «Ich hab *Hunger*, Mummy, *Hunger*» – also gab Helen auf, und sie gingen nach Hause.

Das alles war am Morgen gewesen und nun, Stunden später, saß da Bobby vor ihr und erzählte ihr davon. Von dem Menschenauflauf, wer da gewesen war beim Mönch und wer nicht, wer was gesagt hatte. Eigentlich, hatte Helen gedacht, als sie ihn betrachtete, war es doch nett, wie Bobby sich für die Geschichte begeisterte, wie er sich einließ, aber andererseits verriet ihr sein unsteter Blick auch genau, wie viel er getrunken hatte.

Er grinste sie an. «Sieht man nicht alle Tage, oder? Dass wir hier im vorsintflutlichen Mittelengland so was erleben? Hier in unserer ‹Mittelerde›, ha. Das muss ein Schock gewesen sein, Darling. Nicht wahr? Wo du doch immerhin eine derer bist, die ihn *gesehen* haben.»

Er hatte sie fixiert, als er es sagte, mit seinen hübschen, tiefblauen Augen und dem dunklen, privaten Blick, den nur sie zu sehen bekam. Der von seinen allein in der Küche mit einer Whiskyflasche verbrachten nächtlichen Stunden sprach, den vor einem Lunchtermin mit Klienten gekippten Wodkas ... Sie alle gehörten zur Geschichte. Bobbys Geschichte. *Mitgefangen, mitgehangen*, besagte der Blick. *Du und ich, wir beide.* Helen wandte sich ab.

«Ich rede mit dir», hatte Bobby gesagt.

«Ich weiß.» Und da hörte sie bereits in seinem Ton den drohenden Stimmungsumschwung. Käme jetzt jemand in die Küche, ein Nachbar, ein Freund, würde er leutselig und charmant sein und das sogar ein paar Stunden durchhalten können, aber hier mit ihr allein ...

«Ich sagte, ich *rede* mit dir.»

«Ja. Was ist denn?» Helen war vom Tisch aufgestanden.

«Ich sage, es ist mir egal, was du gesehen hast oder nicht. Irgendjemand muss die Dinge in die Hand nehmen. Himalaya hin oder her.»

«Tut mir leid», sagte Helen. «Habe ich nicht mitgekriegt. Ich habe nach den Jungen gehorcht.»

«Ich sagte, dein Mönch verbringt die Nacht im Wald, müsste inzwischen schon dort sein. Und mir ist egal, ob er es gewohnt ist. Das hier ist England, Herrgott, wir sind hier nicht im indischen Hochgebirge ...»

Helen hielt inne – vielmehr fühlte sie sich innehalten, so eher. Sie hatte einen Holzlöffel genommen und schob im Eintopf das Fleisch herum, sie tat etwas, aber es war, als täte sie es nicht, als wüsste sie nicht, wie. Da war der Tisch, waren die leeren Flaschen. Die helle Küche, die dunklen Zimmer oben, wo die Kinder schliefen. Da war Bobby, der sich erhoben hatte, betont langsam, und bedächtig die Kühlschranktür aufzog und hineingriff. Und da war sie, unfähig, weiterzumachen, unfähig, überhaupt etwas zu tun.

Da hob sie zu sprechen an: «Das wusste ich nicht –», aber Bobby unterbrach sie.

«Doch, doch», fuhr er fort, als wäre sie von Anfang an am Gespräch beteiligt gewesen, hätte alles gehört, was er gesagt hatte, als wäre sie mit ihm im Pub gewesen. «Irgendwer, ein Dolmetscher oder so, hat gemeint, das habe er vor. Wolle bei Sonnenuntergang rauf in den Ten Shilling Wood hinter Parson's Farm und dort übernachten, die Nacht dort auf seiner verdammten Matte verbringen.»

Helen sah zum Küchenfenster über den Garten hinaus, über die Weide, und da lag er, der Wald. Sie stellte sich vor, wie der kleine, zarte Mann, den sie vormittags gesehen hatte, ihn betrat, während die Sonne hinter dichtem Geäst versank. Sie stellte sich vor, wie die letzten Sonnenstrahlen durchs Laub schossen, blitzenden Münzen gleich, Licht, das ihn blendete, aber rasch schwand, sah den Waldboden tiefer und weicher werden, je weiter er vordrang.

Sie musste ihn finden. Das wurde ihr just in dem Moment klar. Dass sie hinausgehen musste in den Wald, auf den Hügel, und nach ihm suchen. Obwohl es vollkommen verrückt schien, musste sie es tun, musste ihn irgendwie, aus irgendeinem Grund finden. Doch aus *welchem* Grund? Dahinter kommt Helen bis heute nicht. Zur Wiederbelebung? Korrektur? Um das Gefühl von Stille und Ruhe vom Morgen zurückzugewinnen? So wie sie noch am Morgen hatte zurückkehren, den Mönch noch einmal sehen und das Gefühl wiederaufleben lassen wollen, aber zu viele Menschen da gewesen waren, sodass sie nichts hatte sehen können? Oder steckte mehr dahinter? Glaubte sie, indem sie etwas Ungewohntes tat, Untypisches eigentlich – im Wald nach einem Fremden suchen –, sich der Stärke des Gefühls vergewissern zu können, das sie am Morgen gehabt hatte, eines Glaubens? Sie wusste es nicht. Sie weiß es bis heute nicht. Aber sie hatte sich vom Fenster abgewandt, während vom Himmel bereits das Abendrot wich, und was hatte Bobby noch gesagt: «bei Sonnenuntergang»? Da hatte sie gedacht: Ich muss sofort los.

«Das solltest du.»

«Bitte?»

Bobbys Stimmte störte sie auf.

«Was hast du gesagt?»

«Ich sagte, ich finde, du solltest in den Wald gehen und ihn suchen. Deinen Mönch. Ihm ein bisschen englische Gastfreundlichkeit erweisen, Herrgott. Du und deine Dorfladys. Ich habe am Tresen Geld hinterlegt; es gibt für ihn also im Lion ein Bett. So weit habe ich immerhin mitgedacht. Daran gedacht, immerhin. Also zieh los und finde ihn, wenn er dir so viel bedeutet, dass du ihn doch *sehen* konntest. Vielleicht hast du, habt ihr Ladys sogar sein Gewand berührt. Also los. Ich esse inzwischen», sagte Bobby. «Ich gehe inzwischen ins Bett.»

Helen hatte zögernd genickt. Sie hatte Bobby nicht angesehen, hatte es nicht über sich gebracht, und sie sagte auch nicht gleich etwas. Sie griff nach einem Teller, schöpfte Soße darauf, Fleisch und Kartoffeln, stellte ihn vor ihm ab und legte Messer und Gabel dazu.

Dann sagte sie, sehr leise, Danke zu ihm. Als würde er – ob das nun seine Absicht war oder nicht, ob sie seine Worte so verstehen sollte, wie sie es tat, oder nicht, ob sie demjenigen Teil von ihm entsprangen, der sie verstand und kannte, oder ob die Worte als Drohung gemeint waren, als Prüfung, und könnte sein Angebot schnell umschlagen – ihr gerade etwas schenken. Inmitten der Kinder, hier in diesem Haus, in dem ihre Söhne in ihren Körbchen schliefen, Winnie in ihrem kleinen Bett lag … inmitten dieses Heims, dieser Küche hier mit dem Eintopf, in dem der Saft blubberte, inmitten der Teller, die nicht mehr in die Spülmaschine passten und sich deshalb im Becken stapelten, inmitten des Gemüses und Salats, die sie zu ihrem Eintopf hatte anrichten wollen, die aber nach wie vor auf der Arbeitsplatte lagen, inmitten von alledem, den Flaschen und Bobbys Bier und ihrem Wein, seiner fahlen Farbe und der Notwendigkeit, diese fahle Farbe im Glas auf demselben Pegel zu halten, um überhaupt etwas mit ihrem Mann teilen zu können, bei ihm sein und ihn umsorgen zu können und mit ihm, mit seinen blauen

Augen, mit dem, was er tat, so weit einverstanden sein zu können, um bei ihm zu bleiben ... als habe sie ihm inmitten von alledem ein Danke zugeflüstert, als habe er ihr tatsächlich etwas geschenkt, als habe er sie freigegeben.

Sie griff nach den Schlüsseln am Haken hinter der Küchentür, wandte sich kurz noch mal um, um Bobby am Küchentisch zu betrachten, ehe sie hinaustrat. Doch in dem Bruchteil einer Sekunde war er weg, hatte den Kopf über seinen Teller gebeugt wie ein Tier und schaufelte sich Fleisch und Soße in den Mund, und das Gewicht und die Neigung seines Körpers am Tisch schienen aus dem Lot, als könnte er jeden Augenblick stürzen.

Helen brauchte nicht lange, um den Wagen rückwärts die Einfahrt hinabzusetzen, zu wenden und Richtung Farm zu fahren. Dort, am dritten Gatter links, führte der Feldweg in den Wald hinauf, und Helen folgte ihm bis zu der Bucht am Wegrand, wo man parken konnte. Die Möglichkeit nutzten wenige im Ort oder von außerhalb. Es war angeblich der Startpunkt eines ausgeschilderten Wanderwegs, aber als sie und Bobby kurz nach ihrem Zuzug das erste Mal hier gewesen waren und Winnie noch ein Baby war, als sie noch glaubten, sie würden so was als Familie öfter unternehmen, picknicken gehen, wandern, da hatten sie, auch wenn sie selbst gar nicht ausgestiegen waren, niemand auf dem Weg gesehen und nirgends parkende Wagen. Auch später, als sie ein paarmal allein hergekommen war, einmal sogar mit Winnie, entsann sie sich, wusste aber nicht warum, es war lange vor der Geburt der Zwillinge gewesen, war weit und breit kein Mensch, kein Fahrzeug zu sehen gewesen und auch, als sie sich ein Stück in den Wald vorwagte, nicht die leiseste Andeutung eines Wegs. Vielleicht brauchte man eine Karte oder jemanden, der einem den Weg genau beschrieb. Seither hatte sie, wann immer sie sich in den Wald aufmachte, eine Beklemmung verspürt, sobald in ihrem Rücken die Bäume zusammenrückten, und hatte nach wenigen Minuten wieder umkehren und, um sich nicht zu verirren, denselben Weg zurückgehen müssen.

Jetzt aber parkte sie einfach, ließ den Zündschlüssel stecken und die Tür sperrangelweit offenstehen und marschierte einfach los. Plötzlich war an der Unternehmung, zu dieser Abendstunde ganz allein in den Wald zu laufen, um einen Mönch zu suchen, überhaupt nichts seltsam oder wunderlich. Die Wälder in diesem Teil von Oxfordshire bestehen aus uralten Buchen, Eschen und Eichen, wodurch drinnen der Eindruck Hunderter schmaler, sich in alle Himmelsrichtungen verlierender Wildwechsel entsteht, die dich allesamt auf eine Weise zwischen die Bäume locken, dass du unausweichlich dort landest. Einer davon mochte der Wanderweg derer sein, die die Parkbucht angelegt und sich die Mühe gemacht hatten, eine Tafel mit der Aufschrift «Ten Shilling Wood Walk: Rundgang, 10 M» und Anmerkungen zu Aussichtspunkten und Lichtungen zu errichten. Jetzt aber, für Helen, kann jeder der Wechsel ein Weg oder schlicht eine weitere Möglichkeit sein, sich zu verlaufen; ob so oder so, es ist egal, denn jeder ruft nach ihr und führt tiefer hinein.

Zwischen den Bäumen ist nichts als Stille. Im schwindenden Licht ragen die bleichen Baumstämme beige und grau und violett vor ihr auf wie Menschen in einer Menge, die zum Durchlass eine Gasse bilden. Es riecht nach feuchter Erde und Laub und dem Grün der Blätter, ein grüner Dunst, den sie verströmen wie Atem.

Das könnte sonst wohin führen.

Sonst wohin, denkt sie und stellt sich das schwirrende gelbe Gewand voraus zwischen Bäumen vor, wie Flügel. Wo soll sie ihn nur finden? Sie geht ein paar Schritte, wendet sich zur Seite, schlägt einen neuen Weg ein. Noch tragen die grün belaubten Äste den Himmel, kann er sie nicht schlucken, noch weichen die Bäume zurück, rücken zusammen, lassen sie passieren. Ihr Fuß verhakt sich in etwas, einer Wurzel, einer Kriechranke, und als sie sich bückt, um sie von ihrer Sandale zu lösen, merkt sie, wie feucht der Waldboden ist und dass die Schuhe dicke Stollen klumpigen Lehms angesetzt haben. Sie zieht sie aus und lässt sie zurück. Jetzt spürt sie die vielartige Beschaffenheit des Bodens, der Blätter und Zweiglein, des weichen Mulchs, und sie geht weiter, genießt das Gefühl von Füßen, die sich mit jedem Schritt dem Untergrund anpassen, die zu wissen scheinen, wo's langgeht.

Sonst wohin ...

Sie merkt, dass sie barfuß schneller vorankommt. Und dass das Geräusch, das sie hört, ihr eigener Atem ist, als liefe sie, keuchend. Mit hämmerndem Herzen.

Sonst wohin ...

Mit schwellendem, hämmerndem Herzen. Sie geht schneller, immer schneller, als wollte sie eigentlich laufen. Im Gefühl, vor etwas davonzulaufen, vor jemandem, oder auf es oder ihn zu, im Gefühl, sich komplett verirrt zu haben. Sie hat jetzt wirklich die Orientierung verloren, das weiß sie ebenso gut, wie sie weiß, dass ihre nackten Füße sie weitertreiben, sorglos, dass ihr Körper hier glücklich ist mit dem Waldboden unter den nackten Sohlen, befreit von dem anderen Ort, der Küche und dem in der Küche und den Kindern im Zimmer über der Küche, entwischt in diesen Wald, wo sie im schwindenden Licht, in der anbrechenden Nacht zum weißen Schemen wird, zwischen den Bäumen auf eine Spur gelben Stoff zuschwirrt, vielleicht, einen flüchtigen Blick auf Safrangelb hinter lauter Bäumen, aber auch das scheint wie vergessen: was sie hergeführt hat, was sie sucht, obgleich sie weiter auf der Suche darauf zuläuft.

Sie hatte ihn nicht gefunden. Später konnte sie nicht einmal mehr sagen, wie lange sie dort gewesen war, unter den Bäumen, immer neuen Wechseln folgend, konnte sich nicht erinnern, wann das letzte bisschen Licht am Himmel zerrann, das letzte bisschen Violett sich zu Schwarz verfinsterte. Sie konnte sich ebenso wenig erinnern, an welchem Punkt ihr das Gefühl entglitt, dass sie den Mönch suchte, der, wie man ihr verrückterweise weisgemacht hatte, diese Nacht im Wald verbringen wolle. Sie erinnert sich bloß, wie sie in den Wald ging, um ihn zu suchen, und als sie wieder hervorkam, vergessen hatte, und zwar vorübergehend ganz und gar, wer sie war, was sie da machte, wie sie dort hineingeraten war.

Das allein war schon eine Art Wunder gewesen, überlegte sie viel später, als sie sich selbst die Geschichte erzählte, ihre Geschichte, als ob sie sie einer anderen erzählte, die sie vielleicht in allen Einzelheiten aufschreiben würde, Zeile für Zeile. Wie sie an jenem Abend aus dem Wald herausfand, zum Wagen zurück, und wie sie beim Anblick des Fahrzeugs und des wegen der offenen Tür brennenden Innenlichts, das die Nacht irgendwie noch dunkler machte, keineswegs die Riesenerleichterung empfand wie nach einer Panik zu erwarten, sondern vielmehr das Gegenteil. Denn der Himmel kam ihr nicht dunkel vor, die Erde nicht feucht oder unwegsam vor Steinen und Wurzeln, überhaupt nicht tückisch eigentlich, nichts, was ihr das Gefühl gab, ihr Verhalten könnte seltsam oder unnatürlich sein.

Wirklich, denkt sie rückblickend, nichts davon hatte sie erschreckt. Dort in jenem Schattenreich zu sein, auf unbekanntem Terrain, wo sie vielleicht, vielleicht nicht auf einen heiligen Mann stoßen würde, dessen Sprache sie nicht beherrschte ... Was genau hatte sie überhaupt zu ihm sagen wollen, wenn sie ihn fand? Was, wenn überhaupt, hatte sie tun wollen? Nichts davon hatte im Grunde eine Rolle gespielt, war noch von Bedeutung gewesen – nur das unausweichliche Betreten des Waldes, dann, einmal drinnen, das Gefühl von Flucht, so schnell die Füße sie trugen, erst immer tiefer hinein und dann wieder hinauszulaufen zum Wagen, zum Licht, zum Schlüssel.

Der Motor war gleich angesprungen, und Helen war nach Hause gefahren, hatte leise das hell erleuchtete Haus betreten, leere Flaschen auf dem Tisch und ein verschmierter Teller ... Bobbys Dreck. Ohne groß zu überlegen, räumte sie weg, was von ihm übrig war, knipste das Licht aus und machte sich auf den Weg ins Zimmer ihrer Tochter. Mit ihrem Mann das Bett zu teilen, kam jetzt nicht infrage. Der Gedanke stellte sich ein wie die Erinnerung an gelben Stoff im Wald – real, und doch nicht real, eingebildet, und doch gesehen ... *Wie eine Vision.* Ja, eine

Vision war es gewesen. Sie hörte sich die Worte sprechen. *Eine Vision*. War ihr zuteil geworden. War der ganze Tag gewesen. Leise zog sie sich bis auf ihr T-Shirt und die Unterhose aus, sah kurz nach den Jungen und schlüpfte zu ihrer Tochter ins Bett. Sie drückte Winnie an sich, an ihren Bauch, spürte das Gewicht des warmen, atmenden Körpers. Innerhalb von Sekunden war sie eingeschlafen.

Mitten in der Nacht aber, oder so schien es, weckte sie ihre schreiende Tochter. Winnie kauerte auf dem Bett, Bettdecke auf dem Boden. «Da ist Blut!» Sie zeigte. «Da! Blut!»

Und dort, geädert wie Eingeweide, verlief eine dunkle Schliere über das Laken, aus der Mitte bis hinab ans Fußende, und einen Augenblick lang dachte Helen, ihre Tochter habe recht – der glitschigen Farbe wegen, der im Dunkeln dicken, uterusartigen Konsistenz, alt und weiblich und urweltlich, wie ein blutiges Laken nach der Hochzeitsnacht oder einer Fehlgeburt, wie eine Nachgeburt, ureigenes Gewebe –, dass es wirklich Blut wäre. So sah es im Dunkeln aus. Aber es war der Lehm von ihren Fußsohlen, von dort mitgebracht, wo sie gewesen war, von dem, was sie gemacht hatte, er war mit ihr ins Bett gelangt. Auf dem Laken war verschmierte Erde, hatte die Spur hinterlassen, die Winnie so erschreckte – aber es hätte wirklich Blut sein können, begreift Helen nun viele Jahre später, wo Winnie erwachsen ist und die Jungen auch und Bobby weit, weit weg. Ein Teil von ihr, das Innerste nach außen gekehrt, eine Verwandlung, die sich in einem Tag, einer einzigen Nacht vollzogen und alles verändert hatte, sodass die Schliere im Bett wirklich wie Blut war. Hätte sein können.

Elegie

In den Magnolienbäumen an der Euston Road nisteten wieder Blüten. Frühling in London. Wie ein Lied, dachte Elisabeth, als sie die rosa Blütenblätter an den Zweigen flirren sah: Frühling in London. Magnolien. Ein Lied.

Allerdings war es keineswegs warm, das hatte sie schon, als sie in King's Cross aus dem Edinburgher Zug stieg, bemerkt. Genau genommen war es bitterkalt, draußen am Taxistand wehte ein scharfer Wind, und ihr Wintermantel fühlte sich dünn an. Doch als sie wenige Minuten später im Taxi dahinglitt und nach der langen Abwesenheit zum Fenster hinaus in einen Himmel sah, der zu jeder Jahreszeit gehören konnte, das weiche Taubengrau einer einst so vertrauten Stadt ... war er wieder da, ja doch, im Pastell der sich in den kahlen Zweigen plusternden Blüten: Wieder Frühling, hatte sie sich gesagt, selbst jetzt. *Durfte Frühling sein. Sollte doch bitte Frühling sein.*

Das Taxi schien jedoch für den Weg furchtbar lange zu brauchen, bei allen Tagträumereien, Gedanken zur Heimkehr und Erinnerungen. Es war eigentlich nicht viel Verkehr, aber was immer der Grund – die stockende Fahrt des Taxis, die roten Ampeln alle paar Minuten und die sich auf der Überführung zur Abzweigung Richtung Westbourne Park stauenden Autos –, sie kamen nur langsam voran ... Also war vielleicht doch viel Verkehr, und sie hatte bloß nach den vielen Jahren in Schottland vergessen, wie es in London war, was die Zusammenballung von Menschen hier bewirkte. Die Schlangen der vom Westway kommenden Autos – die ganzen Taxis und Geländewagen, die heutzutage offenbar alle haben mussten, die Motorräder und Transporter und Busse ... So unnötig, fand sie, die verlorene Zeit, wo sie der Wohnung nach zehn Minuten Taxifahrt doch so nah war und normalerweise aussteigen und zu Fuß gehen würde, wenn sie sich nur kräftiger fühlte. Früher hätte sie es getan. *Aber hey*. Das war eben damals, nicht? Und dies hier war jetzt. Wäre sie noch auf der Insel, würde sie an den Verkehr gar nicht denken, an nichts von alledem. Ob sie gehen konnte oder nicht, den Fortschritt eines Londoner Taxis an ihrem eigenen sehr akzeptablen Schritt messen, der sie in ihren geliebten Hügeln auf dem morgendlichen Rundgang zum Strand, hinauf zum Aussichtspunkt und wieder runter zum Haus geführt hatte ... Aber auch das war jetzt eben damals. Die Insel, ihr dortiges Leben. Damals hatte sie nie an kräftig oder nicht denken müssen, an nichts von alldem. Sie wäre ... einfach ...

Nun, egal, was wäre. Es sollte doch bitte Frühling sein, einfach Frühling. Weiter nichts. Einfach Magnolienbäume. Und Blüten. Ein Lied in – G-Dur. Ja, das ginge. Oder A. Zu Anfang ein herrlich sattes Glissando, und dann gleich hinein in einen hellen, ausholenden Melodiebogen, leicht zu bewältigen für einen Alt. Nur an ein solches Lied denken und alles andere beiseitelassen, nicht bei anderem

verweilen. Und wenn es hier eben ein bisschen länger dau-
erte, von A nach B zu gelangen, und wenn hier eben ein
paar mehr Menschen unterwegs waren, alle wie sie darauf
erpicht, von A nach sonst wohin zu gelangen ... So war das
eben in Großstädten, nicht wahr? Sie war doch mal Groß-
städterin gewesen, schon vergessen? «Du bist hier nicht
auf deinem Hügel», würde Edward zu ihr sagen, wenn er
hier wäre. «Sieh mich an, Schatz. Sieh mich an. Es wird
alles gut, hörst du? Sieh mich an. Ich versprech's dir.»

Tja. Elisabeth lächelt. Edward und sein «Sieh mich
an». Er hatte sein Bestes gegeben, und dafür liebte sie
ihn, für seine ruhige, unaufgeregte Art. Dafür, dass er
nicht ein Mal, nicht ein einziges Mal Angst gezeigt hatte,
Schwäche oder Sorge. Er war gewesen wie sonst auch:
Eins nach dem anderen, bloß nichts überstürzen, keine
voreiligen Schlüsse ziehen. Wenn es der eine Arzt so sah,
würden sie eben einen zweiten konsultieren. Das hatte
er gesagt, ganz am Anfang. Es gebe schließlich noch die
Spezialisten, die, die mehr davon verstanden als die Kollegen vor Ort mit ihren Diagnosen, oft genug musste man
sie nur finden, sie und die richtigen Ansprechpartner. Es
würde alles gut. Also hatte sie ihn angesehen, ihm fest in
die wunderbar steten Augen gesehen. «Alles klar?», hatte
er gesagt. «Ich versprech's dir.» Und es waren Briefe und
Anrufe gefolgt, es hatte die Termine in den besten Kran-
kenhäusern Schottlands gegeben, den Spezialkliniken ...
sie hatte sich der ersten OP unterzogen, der zweiten ...

Sie würde ihn von der Wohnung aus gleich anrufen.
Immerhin hatten sie beide den gleichen Gedanken gehabt, nämlich es in London zu versuchen, jetzt wo alle
anderen Möglichkeiten ausgeschöpft waren, und er hatte

sie begleiten wollen, sie selbst hingegen schließlich gesagt, sie wolle lieber allein fahren. Er würde wissen wollen, natürlich würde er das, wie die Reise verlaufen war, wie sie sich fühlte. Er schien irgendwie schon weit weg, Edward. Weit weg, wie ein anderes Leben. «Wenn du mich brauchst, nehme ich den nächsten Flieger», hatte er gesagt. Also würde sie ihn von der Wohnung aus sofort anrufen – obwohl ...

«Nun, wir werden sehen.»

«Wie war das, *luv?*»

Der Taxifahrer sah sich halb nach ihr um, suchte ihren Blick im Rückspiegel. «Hab ich nicht mitgekriegt, was haben Sie gesagt?»

«Nicht so wichtig.» Elisabeth sah zum Fenster hinaus, die Bäume waren jetzt hier in diesem Teil von Paddington wieder kahl. Keine Spur von den herrlichen Blüten. «Ich habe bloß gedacht ...», sagte sie und kehrte in die Gegenwart zurück. «Der Verkehr. Ist der in London schon lange so schlimm? Ich erinnere mich zwar an Verkehr, aber so ...»

«Kennen Sie das nicht, wie?»

Der Taxifahrer lachte auf. Er war ihr noch immer halb zugewandt – es gab da doch diese Redensart, nicht wahr, draußen solle man hundert Augen haben? Wenn er das wenigstens im Straßenverkehr beherzigen würde. «Vorsicht», wollte Elisabeth sagen, obgleich sie selbst nicht mehr fuhr, auch nicht auf der Insel, warum sollte sie auch. Dennoch – *Vorsicht*.

«Jedenfalls kommen wir nicht sonderlich schnell voran, oder?», sagte sie stattdessen zu ihm.

«Nie, *luv.* Das hier ist London.» Er schüttelte den

Kopf. «Geht weder jetzt schnell noch später. Eigentlich nie. Wo kommen Sie denn her?»

«Schottland.»

«Ach ja?»

«Von einer kleinen Insel ganz weit im Westen.»

Der Mann pfiff beeindruckt. «Von so weit oben, wie? Was wollen Sie dann hier? Zu wenig los da oben? Mal ein bisschen Großstadtluft schnuppern?»

«Tatsächlich werde ich sogar bleiben», sagte Elisabeth. «Ich kehre zurück, verstehen Sie. Ich habe hier mal gelebt. Ja, ich werde bleiben. Eine Zeit lang jedenfalls.»

«Ach ja?»

«Ja.»

Da spürte sie wieder den Druck, ein Brennen. *Idiotisch.* Das kam davon, wenn sie sich nicht vorsah, sich gehen ließ. Nicht auf die Blüten achtete. Zweifach *idiotisch.* Denk an das Lied. Sie würde keinesfalls weinen.

«Dann bleiben Sie über Ostern?», meinte der Taxifahrer. «Da kommen Sie gerade rechtzeitig, haben zum Auftakt gleich die Feiertage. Haben Sie Freunde in der Stadt. Familie?»

«So in der Art.» Elisabeth war nicht mehr zum Weinen zumute. Jetzt wollte sie nur noch in die Wohnung, die Überführung hinter sich lassen, in den Westbourne Park und nach Hause.

Nach Hause.

Komische Vorstellung. Die Mieterin war doch gerade erst ausgezogen und Elisabeth selbst seit Jahren nicht mehr in der Wohnung gewesen, da konnte man doch kaum sagen «nach Hause», oder? Aber Edward hatte bloß gemeint: «Wir rufen einfach an und erklären es ihr. Alice wird das verstehen.» Und das hatte sie, die reizende Alice Fairburn, die ideale Mieterin, hatte Elisabeth schon immer gefunden. Was hatten sie mit ihr für ein Glück. Nur Stunden, nachdem Edward mit Alice gesprochen hatte, war diese offenbar mit Sack und Pack zu ihrer Schwester nach Islington gezogen. «Nutzt sie, solange ihr wollt», hatte sie zu Edward gesagt, so hatte er es wiedergegeben. Kein Druck, keine endgültigen Entscheidungen. *Weil es ja nicht sehr lange sein wird*, denkt Elisabeth und hatte sie gleich gedacht. Während sie jetzt in die Straße einbogen, in der sie einst gewohnt hatte und die aussah wie eh und je, auch der Magnolienbaum an der eigenen Haustür in Blüte ... Entgegen dem, was sie dem Taxifahrer gesagt hatte, war es das, was sie dachte, als das Taxi um die Ecke bog ... Sie war nämlich doch nur zu Besuch da. Sie würde nicht bleiben.

Wie vertraut aber alles war. Ein Gefühl der Heimkehr, als sie über die Schwelle trat. Es war herrlich, wie bestimmte Häuser einem das gaben. Denn obwohl es etliche Jahre her war, viele Jahre, seit sie zuletzt in Circus Gardens gewesen war, erstand, als sie den Schlüssel im Schloss drehte und es Klack machte und sie in die Diele trat ... ihre ganze Vergangenheit vor ihr auf, und es war wirklich, als wäre überhaupt keine Zeit vergangen zwischen damals und jetzt, kein bisschen. Dort vor ihr schwang sich die Holztreppe hoch, die Stufen hier und da zerschrammt wie eh und je, die Farbe teils abgeplatzt, dort oben war der Treppenabsatz mit der Glastür zur kleinen Terrasse, auf der sie sich früher gesonnt hatte ... Nichts hatte Alice verändert. Die Glastür – genauso. Die Terrasse. Wie viele

Jahre war das eigentlich her? Seit sie dort draußen als junges Ding mit einem Buch und einer Tube Sonnencreme gesessen hatte? *Das Leben ist eben doch lang. Siehst du?* Dort draußen in der Sonne erschien hinter ihr Edward und schloss sie in die Arme. «Das treibst du also den liebelangen Tag, wie?», sagte er. «Und mir erzählst du, du komponierst?» – und sie lachte und bestand darauf, dass es stimme, sie habe dieses Stück geschrieben oder jenes begonnen. Oder denke an was Neues, ein größeres Werk vielleicht. «Eine Oper etwa?», sagte er dann. «Nein, nur ein Streichquartett.» «Ah ja. Verstehe. Ein Streichquartett.» Lachte und küsste sie noch mal.

Also ...

Das Leben ist lang.

Da war die Glastür. Die kleine Terrasse.

Siehst du?

Und dann war auch das Wohnzimmer, als sie ihre Tasche am Absatz und an der Küche vorbei die Treppe hochgeschleppt hatte, genauso, wie sie es zurückgelassen hatte, der Studioflügel noch da – natürlich noch da. Sie ging hin und berührte eine Taste, das mittlere C. Sie fasste sich etwas staubig an, aber der Klang war rein. Sie spielte die Tonleiter mehrmals durch, dann D und dann E, spielte noch mal mit der linken Hand. Verstimmt natürlich, das war zu erwarten, aber nicht sehr. Sie setzte sich auf die Klavierbank. Sie hatte so viele ihrer frühen Stücke hier an diesem Klavier komponiert, selbst jetzt, wo sie oben im Bett liegt, scheint es unten auf sie zu warten wie ein guter Freund. Sie hatte weitere Tonleitern gespielt, C-Dur, D, E und F ... Und das Klavier hatte treu auf den leisesten Druck ihrer Finger reagiert, wie eh und je. Dann fis-Moll. Autsch. Da. Der Ton. Da würde jemand gut zu tun haben, um den Ton wieder hinzustimmen – aber Elisabeth hatte trotzdem ihren Mantel abgelegt und Teile eines Préludes von Chopin gespielt, und es klang nicht einmal so schlecht, oder? Und danach ein Stück, das sie selbst geschrieben hatte, «Circus Gardens» betitelt. Sie hatte es einmal ganz durchspielen wollen, doch mitten im ersten Lauf hatte sie erneut den Druck verspürt, das Brennen. Und hatte die Hand vor den Mund legen müssen, um die Gefühle zurückzudämmen. *Idiotisch. Idiotisch.* Circus Gardens. Sie würde Edward vermutlich nicht wiedersehen.

Edward.

Die Anschaffung des Klaviers war seine Idee gewesen. Er hatte schon immer die besten Ideen gehabt. Es war Edward, der gesagt hatte: «Den kaufen wir», als sie den Studioflügel das erste Mal im Schauraum sahen, seine ideale Größe. «Spielen wirst zwar du, aber er ist für uns beide», hatte er gesagt – denn es sollte eine Art Prämie sein, irgendwie, eine Belohnung. Für die Uraufführung ihrer ersten Komposition, für den Roman, den er veröffentlicht hatte. «Mitgefangen, mitgehangen; wir sind ein Team», hatte Edward gesagt. «Lass uns den kaufen. Als Auftakt.»

Weißt du noch?

«Natürlich weiß ich es noch.» Sie sagt es oben im Bett laut zum Fenster, zum blauen Himmel. Das Klavier ist unten, stumm jetzt, aber es wartet.

«Ich weiß es alles noch.»

Sie hatte eine andere Melodie geklimpert, auch aus der Zeit damals, den frühen Jahren, als sie gerade erst eingezogen waren – aber dann aufgehört. Sie hätte wirklich dafür sorgen müssen, dass sich jemand um den Flügel kümmert. Alice war keine Musikerin, es wäre ihr nicht in den Sinn gekommen, jemand regelmäßig spielen oder das Instrument stimmen zu lassen. Vielleicht hätten sie jemand anders einziehen lassen sollen, der besser achtgegeben hätte – aber sie und Edward als Paar hatten nie zu denen gehört, die in der Weise vorausdachten, sie hatten die Dinge laufenlassen, losgelassen. Und so war es Jahre her, dass Elisabeth das Instrument selbst benutzt hatte, viele, viele Jahre, und damals war sie jung und, na ja, verliebt und stark gewesen und draußen vor dem Fenster eine ganze Zukunft, weit wie der blaue Himmel, als könnte es endlos weitergehen. Wie eine Oktave, die du mit den Fingern zauberst und wiederholst, immer weiter hinauf, Tonreihe um -reihe, weiter und höher und ohne Ende. Es gibt alle Töne der Klaviatur und über sie hinaus, die weißen Tasten, die schwarzen, ganze Töne, Akzidenzien und so weiter und weiter ... Als spielte man sich durch alle Zeit, denkt Elisabeth, und da ist sie nun ... *Da ist sie* ... Als wäre das Ende erreicht, während doch tatsächlich alles zum selben Oktavraum gehört, das Ende der Melodie in den Noten schon angelegt, denn es gibt keinen Anfang, hier ausgestreckt auf dem Bett, und ebenso wenig ein Ende, also alles gut, schließ die Augen. Die herrliche Vergangenheit mit der vielen Musik um dich herum und der Sonne auf der Terrasse und deinen bloßen, lang ausgestreckten Beinen und der Hitze auf dem Scheitel, Edwards Armen ... Schließ die Augen ... Denn ...

Da ist sie ...

Sie weiß noch, dass sie das auch an dem Tag dachte, als sie in der Wohnung angekommen war und am Flügel stand. «Da bin ich», hatte sie zu sich selbst gesagt, der gefürchtete Augenblick löste sich, als sie aufhörte zu spielen, in der Stille auf. Eigentlich, hatte sie da gedacht, ist es gar nicht so schlimm. Allein zu sein. Allein beschlossen zu haben, was sie tun wird. Von ihrem Hügel herabgestiegen zu sein. Nicht so schlimm.

«Gut, fahr hin», hatte Edward gesagt. «Verschaffe dir Gewissheit. Lass die Tests machen. Suche die Leute von der Wigmore Hall auf, überrede sie, dich das Adagio so aufführen zu lassen, wie es dir vorschwebt. Nimm dir Zeit, regele das alles. Ich bin ja hier. Wenn du so weit bist, komme ich und hole dich. Ich warte solange.»

Weil sie im Grunde Bescheid gewusst hatte, nicht? Ab dem Moment, wo sie beschlossen hatte, allein zurückzukehren? Dass es nun ganz allein an ihr war, dass sie Edward nicht wiedersehen würde. Ab dem Moment, wo der Arzt das letzte Mal angerufen und sie zu sich gebeten hatte; weil seine Praxis in Edinburgh noch kälter schien als zuvor und keine Arzthelferin bei ihm war, weil er sie selbst an der Tür empfing ... Weil ihr erster Gedanke nach der Unterredung gewesen war: Ich kriege das schon alles hin. Nach London fahren. Sie das Adagio spielen hören, sie im Wigmore spielen hören. Die rechtlichen Fragen klären, die medizinischen. Es blieb genug Zeit. In ein paar Monaten, zu Frühjahrsbeginn, würde noch genug Zeit sein für alles. Es würde Proben geben müssen, hatte sie Edward gesagt, und sie würde bei ein paar gern dabei sein, den Dirigenten kennenlernen, dem sie noch nie begegnet war, und – sagte sie ihm – den Spezialisten aufsuchen, von dem sie beide gesprochen hätten, die Tests durchführen lassen, die er anbot, die neue Behandlung, und Edward hatte Alice angerufen und mit ihr alles geregelt, und Alice hatte gesagt, sie solle sich «so viel Zeit nehmen wie nötig, kein Problem». Sie habe eine Schwester in Islington, hatte sie gesagt, Elisabeth könne einfach in die alte Wohnung zurückkehren und sich häuslich einrichten ...

An der Diagnose war nicht zu rütteln.

Der letzte Termin, der Arzt, der selbst an die Tür gekommen war – wie hatte er sich dort in der Praxis in Edinburgh noch ausgedrückt? «Jetzt wissen wir, wo wir stehen» –, an ihn, David Sowieso, hatte Elisabeth dort in London am Flügel in Circus Gardens denken müssen. David Airdrie, so hieß er. Er kam ihr vor wie aus einem anderen Leben. Und wie aus einem Vorleben dazu ihr Termin bei Stewart Campbell in seiner Praxis im Dorf, in dem kleinen medizinischen Versorgungszentrum, in dem sie vorher so gut wie nie gewesen war – gelegentlich mal Antibiotika, einmal eine schwere Grippe –, aber Stewart hatte dagestanden und sich genauso ausgedrückt, beinahe jedenfalls. Sie würden ein paar Scans machen müssen, dann werde er sie an einen Kollegen überweisen. Auf dem Festland, in Inverness oder vorzugsweise Edinburgh, damit sie wüssten, «wie's steht», lautete seine Version. Elisabeth hatte angesichts seiner Wortwahl an jenem Tag begriffen, dass die Leute nur so sprachen, wenn sie Gravierenderes meinten als eine OP. Auf einen Eingriff konnte man sich schließlich einstellen und sich von ihm erholen. «Operation» implizierte einen Zeitplan, der in der

Wendung «wie's steht» fehlte. Für «wie's steht», hatte sie damals gefunden, gab es gar keinen Plan. Also war gegen Ende des Sommers, als sie ihren zweiten Spezialisten aufgesucht hatte, und wie hieß der gleich wieder, ein Bekannter von Stewart Campbell, nicht wahr, und von ihm die zweite Meinung eingeholt hatte und der Termin für die erste Operation vor einem Jahr festgelegt wurde ... die Botschaft klar. Noch mal eine weitere Meinung einzuholen könne schließlich nicht schaden, damit sie wüssten «wo wir stehen», so hatte er sich ausgedrückt. Aber im Grunde hatte Elisabeth ziemlich genau gewusst, wo sie stand. Als sie vor vier Wochen in Edinburgh eingetroffen war, wusste sie längst Bescheid. Und in den Wochen, die auf die letzte, aussichtslose Diagnose gefolgt waren, hatte sie den Wigmore-Auftrag abschließen können, innerlich lodernd vor einer eigenartig elektrisierten Erregung, hatte alle Systeme in einem Rutsch notiert, die Streicher und dann, zu ihrer eigenen Überraschung, eine neue Instrumentierung – die wie ein Wirkfaden durch die gesamte Komposition gezogene quecksilbrige Spur einer Querflöte –, unter einer inneren Spannung stehend, deren Funke in den Wochen der Schöpfung von ihrem Körper auf die Musik überzuspringen schien ... Ein Phantombild ihrer selbst vielleicht, wie ein pfeilender Vogel, wie der Flug des Sperlings durch die Königshalle, so hieß es doch in diesen altenglischen Versen, oder nicht? Auch die würde sie vertonen, wenn ihr die Zeit bliebe, die Flugspur des unbekannten Schöpfers ...

Aber ihr Werk war jetzt abgeschlossen. Und vor ihr lagen nur die Begegnung mit dem Dirigenten. Die Proben. Die Aufführung. So würden die kommenden paar wenigen Frühlingswochen vergehen. Bis sämtliche Vögel durch die Musik gezogen wären, heimwärts, und bis dahin hatte sie die Wohnung, diese Räume, den Flügel. Also ja. Frühling in London. Magnolien. Es genügte doch, einfach noch einmal hier zu sein, oder?, bei dem einen Baum direkt vor ihrem Fenster an der Haustür, die Blütenblätter dickfleischig fest und gebogen wie Flügel?

Die Reise hatte sie allerdings ermüdet. Sie war daher, nach den paar Minuten unten gleich nach ihrer Ankunft, ziemlich sofort ins Bett gegangen. So ist es, krank zu sein, dachte sie, als sie die Treppe hinaufstieg. *So ist es ...* Alles wurde erschlagend. Sie hatte gerade noch die Kraft, aus dem Wäscheschrank Laken und ein Federbett zu zerren, Kissenbezüge ... gerade genug, um halbwegs das Bett zu beziehen – dabei auf das Federbett, das doch zu schwer war, zu verzichten –, und dann, als der letzte Baumwollkissenbezug übergestreift war, ihre Schuhe von sich zu schleudern, ihren Rock zu Boden gleiten zu lassen, zwischen die kühlen, frischen Laken zu kriechen und das leicht kratzige Federbett noch zu sich heranzuziehen, ehe sie in einen traumlosen Schlaf versank ... *So ist es, krank zu sein.* War ihr erster Gedanke, als sie, wohl Stunden später, die Augen aufschlug und es dunkel war.

Zuerst wusste sie beim besten Willen nicht, wo sie war. Sie lag da, leicht panisch im Grunde, versuchte, sich zu erinnern, was für ein Fenster das sein sollte, was für eine Wand daneben, versuchte, sich an die Einsicht zu erinnern, die sie vergessen hatte, während sie schlief ... Ach ja: Sie musste sterben. Die Erinnerung selbst war längst nicht so schlimm wie der Versuch, sie zu erhaschen, die verworrenen Nanosekunden nach dem Schlaf, während derer sie irgendwie mit Schrecken, so fühlte es sich an, das Bewusstsein wiedererlangte. Die Erinnerung längst nicht so schlimm wie der Versuch, sich zu erinnern. Eher ... unausweichlich. Wie das Leben überhaupt. Eins, das zum anderen führte. Ein Tag zum anderen, manche, die mit einem Morgen endeten, während andere eben nur endeten.

Sie blieb noch einen Augenblick liegen, genoss die Dunkelheit und das Gefühl, zur Ruhe zu kommen in diesem ihr so vertrauten Schlafzimmer. Wie oft hatte sie hier im Dunkeln gelegen. Wie jetzt ... *jetzt ... möge es jetzt sein*, denkt sie, als könnte sie jetzt die Augen schließen und das Licht um sie herum wäre weg. Wie die vielen Male, wenn sie sich am frühen Abend kurz hingelegt hatte, ehe sie noch einmal wegging, sich einen Moment gegönnt hatte, ehe sie sich erhob und anzog, fertigmachte, still dagelegen und das Tageslicht langsam von den vertrauten Wänden und Kanten hatte rinnen lassen, das Violett und die Schatten einließ. Oder wenn sie mitten in der Nacht aufgewacht war und neben ihr Ed. Alles, all die Male und alles an diesem Zimmer ihr bekannt und vertraut. Alle Ruhepausen. Alle Dämmerungsstunden. Alle Mitternächte. Aller Schlaf.

Im Dunkeln dieses speziellen Abends lächelte sie. Fast konnte es einer der Abende vor langer Zeit sein, wenn sie und Ed noch etwas vorhatten, ein Konzert oder eine seiner Lesungen, einen Auftritt ... das Gefühl, in einem wohlig dunklen Raum zu liegen, aber sehr bald schon wieder aus dem Haus treten zu können, wo sich dir eine ganz neue Phase des Abends eröffnete: hell erleuchtete

Räume, Musik, das Klirren von Gläsern, Klänge und Stimmengewirr ... Jetzt, wo sie daran dachte, packte sie plötzlich eine neue Energie, ein *Ja* – und sie beschloss, tatsächlich wegzugehen. Einfach aus dem Moment heraus. Alles andere zurückzustellen – die Telefonate, das Herrichten der Wohnung, das Auspacken – und stattdessen aufzubrechen, wie sie damals aufgebrochen war, ungebunden und klar und erfüllt von jugendlichem Elan und der Zukunft. Als könnte ihr nichts auf der Welt etwas anhaben, gar nichts.

Sie suchte aus ihrem Koffer eine Jeans hervor, stieg hinein, nahm ihr nachlässig über einen Stuhl geworfenes Jackett, ging nach unten und zur Tür hinaus.

Der Magnolienbaum war noch immer da. Stand wie erstarrt in der Nacht, die Äste weiß im Schein der Straßenlaterne, dicht besetzt mit herrlichen Blüten, aber vollkommen reglos, als warteten sie allesamt auf etwas. Selbst erwartungsvoll, blieb Elisabeth dort vor dem Baum einen Augenblick stehen, nein, eher eine geschlagene Minute. Es war eine laue Nacht. Die Kälte, die sie tagsüber angeweht hatte, als sie aus dem Zug stieg, war einer wunderbaren Anmutung gewichen, einer Art frühsommerlicher Wärme, fast, und auch das Klamme war verflogen, sodass der tiefblaue Himmel und die Luft draußen herrlich frei und weit wurden, wohltuend, friedlich. Ihr war, als könnte sie umgehend ihr Jackett ablegen, in der dunklen, weichen Luft nur ihr T-Shirt tragen ... Und das tat sie, zog das Jackett aus, und mit der sorglosen Stimmung kam das Gefühl, wieder jung zu sein, so wie mit Anfang zwanzig, vor dem Komponieren, vor den Aufführungen, vor der

Begegnung mit Edward und der Ehe und dem Umzug nach Schottland auf die Insel ... vor alledem, und da war sie nun, trieb sich herum, wie sie sich früher herumgetrieben hatte, als sie spät noch wegging, die ganze Nacht wegblieb, in Bars und Restaurants jobbte, auf abgefahrene, exotische Musikfestivals und Konzerte in leeren Lagerhallen ging, die erst um Mitternacht anfingen und bei denen nur Kerzen brannten ... Weißt du noch, damals ... *Weißt du noch?* fragten die Magnolienblüten. *Wer du mal warst? Wer du bist?* Da merkte sie, dass sie, als sie zur Tür hinaustrat, keine Ahnung gehabt hatte, was sie mit dieser tief dunkelblauen Nacht anfangen sollte, aber jetzt wusste sie es.

Gleich gegenüber an der Ecke gab es einen Pub, den sie vor Jahren oft aufgesucht hatte, dort hatte sie sich manchmal nach der Arbeit mit Ed getroffen, oder sie waren auf einen Schlummertrunk hingegangen, und manchmal auch sie allein, hatte sich an die Bar gesetzt, mit dem vertrauten Barmann gesprochen, und dann war da noch ein alter irischer Priester gewesen, Stammgast und wie eine Figur aus einem Roman von Graham Greene, fand Ed. Auch mit ihm hatte sie sich öfter unterhalten, ein kluger, kluger Mann, hatte eine Weile bei ihm gesessen und mit ihm über Sünde und Tod und Hoffnung gesprochen ... *Wo mag der alte Priester jetzt sein?* Der Pub hatte immer lange auf, sie entsinnt sich, häufig erst bei hellblauem Frühsommerhimmel unterm offenen Fenster wieder im Bett gewesen zu sein. Weniger wie ein Londoner Pub und mehr wie eine irische Kneipe oder New Yorker Bar. Aus der Nähe allerdings sah sie jetzt, dass der Pub neu gestrichen, irgendwie überholt, aufgepeppt worden war –

wie das? Was früher eine heruntergekommene Schank-
stube gewesen war, hatte man zum Inbegriff einer solchen
umgestylt, das war es, quasi zu einem modisch-maroden
Salon – noch am selben Fleck wie damals mit den gleichen Gästen und Jukeboxklängen, eigentlich, nur sorgte
heute für die Musik eine Band in der Ecke, Gitarrist und
Drummer und *Geigerin* ... Das war früher sie gewesen.
Geigerin. Elisabeth schmunzelte. Die Tür stand offen,
sie trat ein.

Lärm und Gedränge schlugen ihr entgegen. Männer und
Frauen umlagerten den Tresen oder hockten an kleinen
Tischen beieinander, lachten und schwatzten. Sie heizten
den Raum auf mit ihrer Energie, jeder angeregt von seinen jeweiligen Nachbarn, von der Gesellschaft, sie sprüh-
ten vor Leben, alle möglichen Leute, als wäre die ganze
Welt da. Elisabeth bahnte sich einen Weg an den Tresen,
um zu bestellen, was sie einst immer bestellt hatte – Wodka Tonic, viel Zitrone, viel Eis. Es war *das* Party-Getränk
damals, weißt du noch? Die Partys? Sie würde, später,
sogar eine Schachtel Zigaretten kaufen und draußen vor
der Tür eine rauchen.

«Hallo!», übertönte die junge Frau hinter dem Tresen die Band. «Was darf's sein?» War sie Australierin?
Vielleicht Neuseeländerin? Jedenfalls eine dieser paten-
ten, aufgekratzten Stimmen, diese umgängliche Art. Die
Stimme von einer, die viel Zeit in der Sonne verbracht hat,
am Strand vor einem endlosen blauen Meer auf einem
weiten grünen Rasen.

«Wodka Tonic also, ja?», meinte sie, als Elisabeth ihre
Bestellung aufgab, und grinste. «Klingt gut.»

Elisabeth wühlte in ihrer Tasche nach Geld. «Ja», sagte sie. «Mit viel Eis, bitte. Und Zitrone.»

«So mag ich ihn auch.» Die junge Frau lächelte wieder breit, nur diesmal mit prüfendem Blick. «Alles in Ordnung?», fragte sie.

Elisabeth erstarrte, ihr blieb fast das Herz stehen – war es so? Blieb ihr das Herz stehen? Blieb ihr Körper stehen, war es das Ende, nicht etwa später, wie sie gedacht hatte, sondern hier, jetzt, jetzt ... Dann fing sie sich wieder. «Haben Sie vielleicht Kleingeld für den Zigarettenautomaten?», fragte sie.

Die Barfrau widmete sich wieder dem bestellten Drink. «Nope.» Sie schüttelte den Kopf und schaufelte Eis in ein hohes Glas. «Gibt keinen Automaten mehr. Aber ich spendier Ihnen gern eine Zigarette, wenn Sie wollen. Ich habe gleich Pause. Wir können nach draußen gehen.» Sie drehte sich um und schenkte Elisabeth erneut ihr strahlendes Lächeln, wie direkt vom Strand, voller Sonne und langer, heißer Tage.

«Okay?», meinte sie.

«Okay», sagte Elisabeth.

Das Ganze war wie wieder jung sein. So dachte Elisabeth im Nachherein. Dieses Okay? Okay! Die Sorglosigkeit, die Offenheit für das, was kommen würde, weil alles okay wäre. Die Mühelosigkeit, das Gefühl, die Nacht schließe jeden mit ein, alle seien sie vereint, jeder dein Freund.

Okay.

Okay.

Sie hört es sich sagen.

«Okay», wiederholte die Barfrau. «Ich sag dann

Bescheid, und wir gehen zusammen nach draußen und sündigen.» Sie führte gestisch eine Zigarette an den Mund, sog den Rauch ein und stieß ihn wieder aus.

Elisabeth nickte, «Alles klar», und wanderte Richtung Ecke und Band. Die Geigerin spielte ein herrliches Arpeggio in a-Moll, über ihr Instrument gekrümmt wie ein alter Highland-Fiedler, den Bogen über die Saiten führend wie bei einem Cèilidh in den Bergen, mit diesem federnd leichten Strich, den man auf der Insel bei allen Dorftänzen hörte ... Hübsch klang das inmitten des dichten Pub-Geschnatters zum Puls der Gitarrenakkorde. Erinnerte Elisabeth an irgendwas. An ihre Flöte, begriff sie. Die Flöte in ihrer Elegie für Streicher, ihr Adagio – die gleiche Art unerwarteter Klang, der weniger mit der Musik der anderen im Orchester konkurrierte oder einherging als schlicht eine weitere Stimme dazu war, sich durch die Melodie hindurchwand und sie erhellte, lichtete, als bahnte sie sich klanglich einen Weg. Elisabeth war euphorisch. Und sich dessen bewusst. Diese Klänge hier zu hören. Und auf diese Weise gespielt. Zu später Stunde. Spät noch weggegangen zu sein, allein, zutiefst allein, wie sie es liebte, und alle Welt da, ihr Gesellschaft zu leisten, wenn nötig, aber wahrscheinlich wäre es das letztlich nicht. Sie wollte tanzen und mit Leuten reden, bis spät bleiben und ... bleiben. Die Band spielte den Song zu Ende, und alle klatschten.

«Nun», sagte die Sängerin. «Nun», und sie begannen mit der nächsten Nummer.

Ein junger Mann beugte sich zu ihr herüber. «Gut, nicht?», und Elisabeth wandte sich ihm zu. Er war jung.

Mitte, Ende zwanzig. Hinter ihm hob die Barfrau zwei Finger, mimte «jetzt» und deutete auf die Tür.

«Sind Sie Musikerin?», fragte der Junge.

Elisabeth lächelte. «War ich.»

Sie löste sich von ihm – er hatte ihr eine Hand auf den Unterarm gelegt – und machte sich auf den Weg nach draußen.

Dort stand ein Klüngel junger Leute, vier oder fünf Frauen in schwarzen Stiefeln und schmalen Mänteln, die Typen in dicken Jacken und Parkas. Elisabeth stellte sich neben sie an die Ecke. Von dort konnte sie ihre Wohnung sehen; sie hatte Licht gemacht, ehe sie ging, und die Fenster des Wohnzimmers waren rechtwinklige gelbe Flecken im Dunkel, auch aus dem Schlafzimmer oben schien Licht. Die Euphorie von vorhin, von drinnen hielt an, in ihrem Herzen, in ihrem Kopf, nur der Körper streikte plötzlich wieder. Sie musste sich setzen. Eine Bierkiste stand hochkant an der Wand, man hatte mehrere als improvisierte Sitzgelegenheit herausgeschleppt, und drum herum versammelten sich einige Raucher. Sie spürte neben sich Bewegung, die Barfrau; Elisabeth nahm ihren Arm, und sie setzten sich.

«Tja», meinte die junge Frau, und Elisabeth hörte erneut die Sonne in ihrer Stimme und das viele blaue Wasser. Sie kam von weit, weit her. «Da wären wir also.»

Sie zupfte zwei Zigaretten aus ihrer Schachtel, reichte Elisabeth eine und schnickte ihr Feuerzeug auf.

«Wohnen Sie hier in der Gegend?»

«Früher mal.»

Die Müdigkeit war überall, in den Knochen um ihre Augen, in ihren Fingerspitzen, im Gewicht der Zigarette in ihrer Hand. Sie wollte sich am liebsten gleich jetzt, gleich hier an der Straße niederlegen.

«Früher mal?», meinte die Barfrau. «Aber jetzt nicht mehr? Keine schlechte Gegend zum Früher-mal-Woh-nen», sagte sie, «schätze ich.» Sie schüttelte den Kopf und zog an ihrer Zigarette. «Kenn ich, das Gefühl von ‹früher mal› ...»

Da erreichte sie ein Johlen; die Band beendete einen Set, es gab Applaus und anerkennende Pfiffe.

«Wissen Sie ...», hob Elisabeth an, konnte den Satz aber nicht beenden. Dort waren die Fenster ihrer Woh-nung, leuchteten im Dunkeln.

«Ja, ich weiß, Honey», sagte die Barfrau. «Ich weiß. Kennen wir alle, oder? Unfassbar, verdammt.» Sie legte den Kopf in den Nacken, hob ihr Gesicht dem Himmel entgegen, dem Mond, als wäre er die Sonne und lasse sie sich wärmen, und Elisabeth tat es ihr gleich, hielt das Ge-sicht in den Mond, dass er auch sie bescheine. Nur war der Mond hier nicht zu sehen, das hier war London. Sie lebte schon sehr lange.

«Lassen Sie uns noch ein bisschen bleiben», sagte sie, und die junge Barfrau nickte. «Okay, geht klar. Zehn Minuten hab ich schon noch.»

Zehn Minuten reichen mir, denkt Elisabeth jetzt. Sie zeigte auf ihre Wohnung, das Haus, den herrlichen Baum davor. «Ich habe mal genau dort gewohnt», sagte sie zu der Barfrau, zeigte auf die erhellten Fenster, auf den wei-ßen Baum, und wieder durchströmte sie die Euphorie wie eine köstliche Droge. Alles andere konnte warten. Alles, was noch kommen sollte. Die Klinik. Die Musik. Das Telefon und die Anrufe und was alles noch zu erledigen war. Edward zu sagen, dass es keine Tests mehr geben werde, dass damit Schluss sei, dass sie beschlossen habe, den Rest allein zu bewältigen. *Zehn Minuten.* Die Blüten waren dort in ihrem Baum, sie konnte sie sehen, sie hatten sich zu ihrer Heimkehr wieder eingenistet. Es blieb Zeit noch, bis sie sich zu voller Blüte entfalten, zu Boden sinken und wieder ein Jahr vorbei sein würden. *Zeit nun*, sagt Elisabeth zu sich im Schlafzimmer, zum weiten Himmel. Denn nun war es, als würden diese selben Blüten sich eine um die andere von den Zweigen lösen und als einziger dichter Schwarm abheben.

Szenario

Vor ein paar Wochen traf ich bei einer Dinnerparty auf meine alte Freundin Clare Revell, und es entspann sich sofort ein Gespräch über Wörter und Gefühle. Am Abend zuvor hatte ich Lars von Triers Film *Melancholia* gesehen, und ich erzählte Clare, dass mich daran die «fehlende Stringenz» gestört habe – so drückte ich mich aus, ziemlich formelhaft, um das, wie ich meinte, Ungereimte des Films zu charakterisieren, der zwar wirkungsvoll sei, aber geklittert, aus vielen disparaten Teilen zusammengestückelt, lauter Stars, typisierten Figuren, Filmhommagen und so weiter, mit denen der Film wichtigtue und denen die immer gleichen Takte aus Wagners *Tristan und Isolde* – und zwar die bekanntesten – Tiefe und Geschlossenheit verleihen sollten, wieder und wieder und wieder.

«Das finde ich überhaupt nicht», sagte Clare – und da nahm das Gespräch richtig Fahrt auf: *Das finde ich überhaupt nicht.* «Warum sollte eine Geschichte nicht collagiert sein?», meinte sie. «Und was heißt schon ‹fehlende Stringenz›? Damit mokierst du dich doch bloß darüber, dass jemand an die Dinge anders herangeht als du, dass dir der Zugang missfällt. Für mein Gefühl ist *Melancholia* ein ganz großer Film –»

«Dein *Gefühl?*», sagte ich. «Was habe ich von deinem Gefühl? Verrate mir doch mal, womit der Film das bei dir bewirkt hat – dieses ‹Gefühl›. Ich hätte schon gern einen Grund gehört, weshalb er groß sein soll – nicht bloß so ein olles ‹Gefühl›.»

Da lachte Clare, bleckte die Zähne auf diese hübsche, aufreizende Art, die, glaube ich, Tolstoi in seinem Porträt der kleinen Fürstin in *Krieg und Frieden* erwähnt, wenn er sie anhand ihres Erscheinungsbilds charakterisiert: «Ihre hübsche Oberlippe … war ein wenig zu kurz für ihre Zähne, doch umso liebreizender war es, wenn sie sich hob», schreibt er. Ich habe ein solches Lächeln stets sehr anziehend und sexy gefunden – verblüffend irgendwie – und spaßig. Daran ist der liebe alte Russe wohl schuld. Und Clare schälte ihre Strickjacke ab und machte es sich auf ihrem Stuhl erst einmal bequem, denn nun wurde es ernst mit der Debatte; wir hatten die Partie eröffnet und würden uns voll und ganz dem Thema in allen Facetten widmen.

Ich sah zu meinem Mann in der Ecke hinüber und musterte auch die anderen Gäste. Alle unterhielten sich angeregt. Keiner würde es bemerken oder sich daran stören, dass Clare und ich uns zu einem eigenen Gespräch über Gefühl und Verstand verstiegen, das bei einer solchen Party eigentlich unangebracht war – einer Cocktailparty im Grunde, aber mit Buffet und Musik, die später vielleicht zum Tanzen verleiten würde – und das alle anderen ausschloss, als rasselte ein Fallgitter herunter, «kein Zutritt» zu unseren hochtrabenden Reden. Ich nahm einen Schluck Wein, und Clare begann.

«Ich muss dir etwas erzählen», sagte sie, «was mir vor Jahren passiert ist, als ich noch studiert habe. Semantik und Philosophie, wie du weißt, Roland Barthes und Irigaray und Deleuze und Guattari rauf und runter. Bücher wie *Sprache, Zeichen und der Text* – kennst du das?»

Ich schüttelte den Kopf. Ich kannte den Titel, hatte das Buch aber nicht gelesen, also skizzierte Clare kurz den Inhalt, der von «Zeichen und Bezeichnetem» handelte, wie sie sagte, und betonte, wie wichtig es damals für sie gewesen war, dieses Buch, als junge Frau, als sie zu ergründen versuchte, wer sie war, wer sie sein wollte. Daran habe sie unlängst denken müssen, sagte sie, weil sie gerade den neuen Roman von Jeffrey Eugenides gelesen habe, und der beginne mit einer Figur, die ein erhellendes Buch von Barthes lese, *Fragmente einer Sprache der Liebe*. Tatsächlich sei dieser Hinweis, verriet sie mir, der «Schlüssel» zu Eugenides' Roman, den sie auch als groß empfinde. Sie habe sogar, sagte sie, dem Autor eine E-Mail geschickt und ihm mitgeteilt, wie sehr ihr sein jüngstes Buch gefallen habe, und er habe gleich «zurückgepingt», um sie wissen zu lassen, wie ihn das freue.

«Und das alles, weil das Buch mit einem Werk von Barthes beginnt», sagte Clare. «Das mich an eine entscheidende Phase in meinem Leben erinnert hat.»

Die eigentliche Geschichte – ich weiß, das habe ich anderswo schon gesagt –, habe, erzählte sie nun (wir hatten uns Wein nachgeschenkt und uns in unserer Ecke eingekuschelt, wie zwei Katzen, fand ich – aber mein Mann verriet mir viel später, bevor wir ins Bett gingen, dass ich während dieser ganzen Episode, während alle ihre Aperitifs zu sich nahmen, auf denkbar vulgäre Art dagesessen sei, mit weit gespreizten Beinen, sodass mir jeder hätte unter den Rock sehen können), ihren Anfang damals vor langer Zeit genommen, als Clare an der London School of Economics Semiotik studierte, und zwar bei einer Frau, die ich hier X nennen will, einer Koryphäe auf ihrem Gebiet und Verfasserin grundlegender und, Clare zufolge, «hochtheoretischer» Schriften zu Bedeutung und Wahrnehmung, Sprache und Körper. «Das waren ungemein hermetische Werke», sagte sie, «die ich verzweifelt lesen und verstehen wollte, weil ich so schrecklich scharf auf sie war.» Sie hielt einen Augenblick inne, dann lachte sie lauthals. «Für mich», sagte sie, «ging es bei den Büchern, der Lektüre ... immer nur um Sex und Liebe und Gefühle und den Wunsch, sie möge auch auf mich scharf sein, und keineswegs um die Welt der Wörter oder Ideen!» Sie lachte erneut und zeigte die Zähne. «Ich wollte sie einfach küssen! Es hatte mit Büchern nicht das Geringste zu tun! Und ich kam mir wie eine Schwindlerin vor, weil ich diese viele Theorie doch verstehen und von ihr lernen sollte. Zeichen und Bezeichnetes. Ich sollte ihre Schülerin sein, sie meine Lehrerin – und ich kam mir vor wie eine Hochstaplerin, eine Heuchlerin, weil es eigentlich gar nicht darum ging, was sie mich lehren könnte. Es ging um Körper und Sex.»

«Wow», sagte ich. Sie hatte es so treffend beschrieben. *Writing and the Body* – lautete der Titel eines Buchs, das ich meinerseits an der Uni gelesen und sehr aufregend gefunden hatte, von Gabriel Josipovici; es behandelte ähnliche Themen. «Ach, deshalb kommst du jetzt nach dem Auftakt mit *Melancholia* darauf», sagte ich. Ich glaube jedenfalls, dass ich das in dem Moment sagte. Denn wir,

Clare und ich, erlebten gerade dieses elektrisierende Gefühl, das man im Gespräch mit jemandem manchmal hat, dass man in Wirklichkeit über vieles gleichzeitig spricht – der Ausgangspunkt war in diesem Fall der Film und wieso wir dazu so ganz unterschiedliche Haltungen einnahmen, woraus sich aber nun dieses ganz anders gelagerte Gespräch ergab über Körper versus Sprache und das, was Clare als Studentin mit einer glamourösen älteren Frau widerfahren war. Und was war ihr widerfahren? Ich war neugierig, versteht ihr, wollte mehr darüber wissen, ob die Gefühle, die jede Reaktion auf was immer begleiten, ob ein Film von Lars von Trier oder die Geschichte, die Clare jetzt erzählte, von Wert und von Interesse waren oder nicht.

Ich saß also mit gespreizten Beinen da, wie mein Mann mir später sagte, und überlegte – während ich aber zugleich an meinem Ideal vom wahren Künstler als kreativen Kopf mit Gesamtkonzept festhielt, einem, mit anderen Worten, der sich nicht auf die berühmten Passagen aus Tristan und Isolde stützen musste – die Passagen, die sowieso alle lieben –, um sein Publikum zu überzeugen, und dass das, was er geschaffen hat, Bedeutung hat und irgendwie zwingend ist, ästhetisch gesehen, gelungen und dem Zweck angemessen, ein Kunstwerk eben.

Und mir gegenüber Clare, das ganze Gegenteil, die mir bei anderer Gelegenheit erzählt hatte – und sie bestand darauf, dass sie das keineswegs postmodern meine –, dass sie bei der Szene in *Mary Poppins*, wo die alte, gebeugte Frau in der Abenddämmerung erscheint und Mary Poppins dazu «Feed the Birds» singt, unweigerlich weinen müsse. Also ja. Wir waren verschieden, sie und ich. Wir waren grundverschieden, und mich faszinierte, das wurde mir im Laufe unserer Unterhaltung klar, die Rigidität meiner eigenen Ansichten, die mir so langweilig erschienen, irgendwie; ich dort in meinen schwarzen Strumpfhosen und meinen hochhackigen schwarzen Schuhen, meinem kurzen schwarzen Rock – unfassbar! – neben dieser freigeistigen und aufgeschlossenen Intellektuellen mit ihrem rosa Zahnfleisch und ihren weißen Zähnen, die wirklich was zu erzählen hatte ... eine Geschichte, in der ein Fluss vorkomme, fuhr sie fort, und eine Brücke und die eisige Luft tiefsten Winters auf ihrer entblößten Haut, an ihrem Hals und ihrem Gesicht und, als erst ihre Bluse aufgeknöpft war, an ihren Brüsten, eine von Kälte belebte Geschichte, Dezember in London, ein klirrend kalter Wind, der über die Themse strich, die «fröstelnde» und «erregende» Stimmung.

Denn sie selbst steckte in der Geschichte, wild und frei. Besessen von dieser außergewöhnlich klingenden älteren Frau und – «Wie war sie denn?», fragte ich Clare immerzu. «Ich meine körperlich? Groß? Blond?»

«Aber ja, alles», kam es von Clare wie aus der Pistole geschossen. «Sie war unglaublich», und sie kehrte immer wieder zu der Feststellung zurück, wie scharf sie auf sie gewesen war. «Ich war unheimlich scharf auf sie», wiederholte sie.

Deshalb kriegte ich nie wirklich ein Bild von X für diesen Text hin, was mir aber, ehrlich gesagt, gefallen hätte, ein Porträt der Frau liefern zu können in der Manier von Henry James' Figurenzeichnung, die nicht die von Tolstoi ist, sondern verklemmter, die bis ins Kleinste die Moral einer Person umreißt, ehe wir überhaupt von der äußeren Erscheinung etwas erfahren, wie das bei Tolstoi gleich der Fall ist, bei dem wir zuerst von der Erscheinung lesen. Stattdessen bleiben mir bloß das «groß» und «blond» meiner eigenen Formulierung – was X zur Walküre macht, womöglich, um das Wagner-Motiv wieder aufzugreifen, mehr eine Tochter des Gottes Wotan als eine irdische Isolde –, während Clare berichtete, dass sie jede Woche bei dieser Frau im Seminar saß und es natürlich genoss, alles in sich aufsog von Zeichen und Bezeichnetem und dazwischen die Sekundärliteratur verschlang, das Buch von Barthes und dazu Lacan und Foucault und wie sie alle heißen, und das alles, weil sie in diese X verknallt war und das die einzige Art und Weise war, wie sie sich X nähern konnte, indem sie die Bücher las, die X gelesen und über die sie geschrieben hatte.

«Schließlich», sagte Clare, «nach alledem, den ganzen Seminaren und den Signalen – denn ich wusste, sie flirtet mit mir, benutzt die Bücher, ihre *Texte*, um mich anzumachen –, schließlich also ...» Und dann glaubte ich, Clare sagen zu hören: «War uns ein gemeinsamer Tag vergönnt.»

Schließlich war uns ein gemeinsamer Tag vergönnt.

Das glaubte ich wenigstens, gehört zu haben. Wie die Geschichte dann weiterging, steht und fällt damit, dass ich sie genauso wiedergebe – getreu, aber mit einem Schuss Drama und Dénouement –, wie von Clare berichtet, mit diesem «schließlich» als Wendepunkt, versteht ihr. *Schließlich war uns ein gemeinsamer Tag vergönnt.*

Clare weiß, dass sie an diesem Tag gut aussah. Sie trug eine Lederjacke und eines ihrer Lieblingshemden. «Das war von ‹Flip›», das immerhin gebe ich richtig wieder. «Aus erstklassiger Baumwolle», sagte sie. Als ich sie später nach Einzelheiten fragte – als wir darauf zu sprechen kamen, wie wichtig das Gefühl der Kleidung sei, die wir auf der Haut tragen, dieser innersten Schicht, und wie sich das anfühlt, wenn du mit jemandem bist, auf den oder die du scharf bist, wie dir jedes kleinste Detail in Erinnerung bleibt –, meinte sie, es sei ein hellblaues Hemd mit feinem gelben Streifen gewesen, «feingestreift», sagte Clare und hielt Daumen und Zeigefinger aneinander, um zu zeigen, wie fein. «Ziemlich preppy –»

«Ein Connecticut-Hemd», meinte ich. «Wie sie die Jungs dort an der Ostküste tragen.»

«Ja», sagte Clare. «Und es war, wie gesagt, aus erstklassiger Baumwolle, und ich wusste, ich sehe darin toll aus. Ich wusste, ich sehe umwerfend aus.»

Da ist sie also *schließlich*, ich wiederhole es noch mal. So gestylt – und alles «verboten». Clare benutzte das Wort mehrfach. «Es war verboten», sagte sie. Dass sie einen Tag zusammen verbrachten, sich davonstahlen, einen ganzen Tag, erst zum Lunch irgendwo in Soho und dann durch ganz London zogen, sie beide, während des Semesters und allein zu zweit ... Und sie waren auf der Westminster Bridge gelandet, küssten sich in der Kälte, beißend kalt auf Clares entblößter Haut, denn diese Frau hatte ihr das Hemd direkt dort auf der Brücke aufgeknöpft, hatte das hellblaue Hemd mit dem feinen gelben Streifen unter der Lederjacke aufgeknöpft, um beim Küssen ihre Brüste berühren zu können. Dezember, und über die Themse säuselte ein kalter Wind, und da waren sie, diese zwei Frauen, eine jüngere in Lederjacke und ziemlich toll klingendem Männerhemd, und eine weltgewandte und – soll ich sagen prächtige? – ältere Frau. (Ich will, dass sie prächtig ist, also bleibt es so), eine schöne, stattliche ältere Frau, ihre Lehrerin. Ja, «groß» und «blond», und sie küssten sich, sie konnten gar nicht mehr aufhören, und X schob die Hand unter das Männerhemd, und «befingerte mich, sie hat mich befingert!», sagte Clare.

Sie griff sich eine Faustvoll Sojanüsse aus der Schale vor uns und mampfte sie weg. Ich sah das wunderbar wilde rosa Zahnfleisch blitzen, die weißen Zähne. Sie lachte, und ich lachte. Wir lachten beide.

«Verstehst du?», sagte Clare. «Es war verboten! Ich hätte nicht in der Weise mit meiner Lehrerin zusammen sein dürfen, sie hätte das nicht tun dürfen. Sie war die Seminarleiterin, und ich fand es toll, sie zu küssen und von ihr geküsst und befummelt zu werden. Ich war in sie verknallt, ich wollte mit ihr durchbrennen ... und das alles auf der Westminster Bridge in der Kälte, im Dezember, wir küssten uns, wir waren ganz wild, und dann ließ sie plötzlich von mir ab», sagte Clare. «Sie ließ von mir ab und fragte: ‹Liest du die *Feminist Review*?›»

«Bitte?», sagte ich. Und dann: «Wow.»

«Ich weiß», sagte Clare. «‹Liest du die *Feminist Review*?›»

«Die kenne ich nicht einmal», sagte ich. «Oder habe sie jedenfalls nie gelesen. Davon gehört schon, aber –»

«Ich weiß», wiederholte Clare. «Ich hatte sie auch nicht gelesen – aber das konnte ich ihr natürlich schlecht sagen ...»

«Und?», meinte ich. «Was hast du gemacht?»

«Na ja, ich habe *yeah* gemurmelt», sagte Clare. «*Yeah*, habe ich gesagt, ein bisschen. Ich kenne die *Feminist Review*.»

«Und dann?»

«Dann sagte sie zu mir – und du musst bedenken, es war eiskalt, mein Gesicht, meine Haut, das Hemd noch offen, die Jacke, da in der Dezemberluft –»

«Und unter euch der Fluss ...», sagte ich.

«Klar, der Fluss. Und es *war* vielleicht kalt. Aasig kalt, und eben noch hatten wir uns geküsst und hatte sie mich befummelt und dann – pass auf. Das ist der Teil der Geschichte, auf den ich hinauswollte – sagt sie zu mir, nachdem ich gemeint hatte, yeah, ich kenne die *Feminist Review*, sagt sie: Und meinst du, das hier könnte ein Szenario sein?»

«Ha!», rief ich.

«Ich weiß!», meinte Clare.

«Wie ist denn das zu verstehen?», sagte ich.

«Genau das habe ich auch gedacht! Was soll das sein: ein Szenario?» Clare griff erneut in die Sojanüsse und kaute und knackte und schluckte so hastig, als wären hungernde Horden hinter ihr her.

«Nun, jedenfalls großgeschrieben, würde ich meinen», sagte ich. «Ansonsten, keine Ahnung. Weißt du heute wenigstens, was gemeint war?»

«Ich denke schon», sagte Clare. «Oder auch nicht.»

«Sie hätte ja auch ‹Affäre› sagen können, hat sie aber nicht», war meine Überlegung. «Obwohl ‹Affäre› zweifellos großgeschrieben sein müsste. Aber es geht um etwas anderes, oder? Bei einem Szenario?»

«Aber auch nicht nur den Moment», sagte Clare.

«Nein», stimmte ich ihr zu. «Das nicht. Nicht einfach um den Moment. Es muss etwas sein, was –»

«Eben ein Szenario ist», sagte Clare. «Das, was gerade geschah – dort in dem Moment. Sie wollte damit sagen – ja was? Dass das für uns zwei die Realität sein könnte? Zusammen sein? Dass das eine große Sache sein könnte –»

«Oder», sagte ich, «sie wollte sagen, dass das, was geschah, gar nichts war.»

«Ja!» Clare grinste, dann lachte sie kurz auf. «Merkwürdig, oder?», meinte sie. «Das Wort zu verwenden, wo ich doch so viel empfand. Verstehst du, die Kälte, die Küsse. Mein offenes Hemd. Gefühle, verstehst du. Davon hatten wir doch gesprochen. Und dann kommt dieses Wort daher – platzt mitten in die Gefühle –»

«Drängt sich zwischen euch», sagte ich.

Dabei dachte ich, während Clare Nüsse mampfte und von alledem sprach, dass «Szenario» allerdings ein Wort war, und wie! Ein Wort, das die glamouröse Frau wissentlich verwendet hatte, weise und listig, ein Wort, das sie mit Absicht gewählt hatte – ob es aus den Seiten der *Feminist Review* stammte oder nicht –, sie verwendete es aus gutem Grund, dieses Wort, damit es wuchtig und bedeutungsschwer zwischen ihr und dieser jungen Frau stehen möge, die sie küsste und liebkoste. Es war ein sorgfältig und mit Bedacht zwischen sich und Clare eingeführtes Wort, zwischen ihre Hände und das offene Hemd, die nackten Brüste, die kalte, fröstelnde Haut.

Szenario.

«Was soll das sein, verstehst du?», sagte Clare.

Ich saß da – das sagte, wie erwähnt, später mein Mann, saß mit gespreizten Beinen da, breitgemacht, wie es alte Frauen und Männer tun, und ich trug keine Hose, sondern einen sehr kurzen schwarzen Rock.

«Szenario», sagte ich.

«Und was kam dabei heraus?», fragte mich später mein Mann. Wir unterhielten uns über die Party, er habe ein wirklich nettes Paar kennengelernt, sagte er. Der Typ habe irgendwas mit Fernsehproduktionen zu tun, aber interessanten Sendungen, Kunst und Kultur, und sie sei Malerin. «Die hätten dir gefallen», sagte er. Er wollte sie irgendwann einmal zum Essen einladen.

«Will sagen: Was hat dein Gespräch mit Clare ergeben?»

Es war ziemlich spät. Ich machte mich fürs Bett bereit.

«Du sitzt da mit gespreizten Beinen wie ein alter Knacker, Herrgott», sagte er. «Machst die Beine breit ... Herrgott.»

«Es hat gar nichts ergeben», sagte ich ihm. Darum ging es schließlich auch nicht. Wir hatten den Komplex Sprache und Gefühl erörtert, die Frage, ob eines dem anderen vorgehe. Wir mussten keine Schlüsse ziehen.

«Na, ich fand es ein bisschen unhöflich», sagte mein Mann. «Es war schließlich eine Party, aber ihr beide habt euch in eine Ecke verkrümelt und in einer Weise unterhalten, die euch von anderen abgeschottet hat. Weißt du, Mary», sagte er, «ihr habt uns andere ausgeschlossen.»

Und er hatte recht, im Rückblick. Es war mir durchaus, das erwähnte ich bereits, glaube ich, durch den Kopf geschossen, ob es okay war, sich während der Party zu zweit abzukapseln, aber ich hatte meine Zweifel beiseitegeschoben.

«Sie sagte: *Meinst du, das hier könnte ein Szenario sein?*», erzählte Clare.

Eine Einladung. Und eine Abfuhr.

«Es war beides», sagte ich.

«Was?»

«Indem sie es als Szenario bezeichnete», sagte ich zu Clare, «während sie dich zugleich streichelte. Sie forderte dich einerseits auf, dich auf eine Affäre mit ihr einzulassen, und leugnete andererseits die Bedeutung dessen, was geschah. Sie zeigte die Möglichkeit einer Fortsetzung auf und machte sie im selben Moment unwahrscheinlich.»

«Wie eine Debatte über Semantik», sagte Clare. «Sprache und der Körper.»

«Genau», sagte ich. «Das Szenario. Klingt nach einer Kurzgeschichte. Ich werde das alles aufschreiben.»

«Angefangen mit der Party hier?», fragte Clare.

«Nein, tu das nicht», sagte mein Mann. «Mach daraus keine Geschichte. Schlimm genug, dass es passiert ist, Schatz. Wie du da die Beine breitgemacht hast ... ohne dich um die Anwesenden zu scheren.»

Das sagte er, erzählte ich Clare Wochen später, als die Party lange vorbei war und die Geschichte fertig. Dass mein Mann gesagt habe, ich hätte mich um niemanden sonst im Raum geschert.

«Außer um mich», sagte Clare.

«Außer um dich», bestätigte ich. «Und um unser Gespräch.»

«Und, war es ein Szenario?», hatte mein Mann mich gefragt. «Was ist passiert? Hast du wenigstens das klären können?» Ich war am Ende meines Berichts über die Party angelangt, über das Gespräch zwischen mir und Clare. Es war spät, und ich war dabei, mich auszuziehen.

«Vielleicht», sagte ich. Ich zerrte mir das T-Shirt über den Kopf und stand nackt da. «Vielleicht», sagte ich noch mal, und dann gingen wir ins Bett.

Glenhead

Außerdem war sie es leid mit ihm. Das Niesen und Husten und wie er sein schmuddeliges Taschentuch hervorkramte, das aussah, als trage er es seit Wochen geknüllt in seiner Hosentasche herum. Es war ekelhaft. Die Kinder jedenfalls ekelten sich merklich, ihre Kinder. Was wollte sie überhaupt mit dem? Was in aller Welt?

«Mum?»

Manche Beziehungen waren okay, eine Nacht lang oder auch zwei, eine Affäre sogar, eine Zeit lang ... Aber nicht zusammen im Auto wie jetzt. Nicht das hier.

«Ja?»

Loszufahren, um irgendwo auf dem Land irgendein Haus zu besichtigen, wo sie den Kindern doch versprochen hatte, sie würden immer Stadtmenschen sein, immer in die Stadt gehören.

«Ich hab Hunger.»

«Ich weiß», sagte Sarah. «Ich auch. Wir halten gleich an, versprochen. Wir suchen uns irgendwo was zum Lunch.»

Der Stabilität wegen. Die brauchten Kinder, das sagten doch alle, oder nicht? Wie wichtig annähernd geregelte

Abläufe waren, ein beständiges Leben. Das von Tag zu Tag verlässlich weiterging, trotz allem. Man erzwang keine großen Veränderungen, auch jetzt nicht, auch nicht nach einem Jahr. Man sorgte für Ruhe. Schulen. Gewohnte Umgebung. Solange alles beim Alten blieb ...

Den Kindern zuliebe.

«Versprochen?»

Das sagten doch alle, oder?

«Versprochen», sagte Sarah. «Ein gutes Lokal, mit Desserts und allem Drum und Dran. Versprochen, Schatz.»

Doch, das sagten alle.

Aber wer wusste schon, was Kinder dachten oder brauchten. Wusste niemand. Wie jetzt, zum Beispiel, Tim am Steuer und sie daneben wie eine Ehefrau. Das war alles andere als Routine, oder? Aber Lunch. Aber Hunger. Das schien so ziemlich alles, was die Kinder gerade bewegte. Nicky hatte Musik laufen, und Elsa hatte ihn um einen bestimmten Song gebeten; den hörten die beiden gemeinsam mit je einem Ohrhörer, und Elsa sang leise mit, wie ein Kind.

Wahrscheinlich versuchte sie, Tims Tröten und Schniefen und Schnaufen zu übertönen.

«Dir geht es wirklich nicht gut», meinte Sarah und sah zum Fenster hinaus, von ihm weg.

«Ich weiß, du kannst das nicht ausstehen.» Tim legte ihr eine Hand auf den Schenkel, die ohne das Taschentuch.

Sie sagte dazu nichts. Aber sie schob auch seine Hand nicht weg. Sie ließ sie dort auf ihrem Bein liegen wie ein bemitleidenswertes Tier.

«Keine Sorge», sagte Tim, «es geht mir schon besser. Das liegt an England. In den USA war ich nie krank, ehrlich.»

Draußen war die Landschaft zu Winter verflacht, flache braune Felder, braune Erhebungen, brauner Fluss. Die Bäume bildeten unter einem grauen Himmel Inseln und sahen mehr aus, fand Sarah, wie Drahtverhau mit vereinzelt abstehenden Stacheln. Solche Zweige würden nie Saft haben oder Grün. Die Erde warf sich am Rand der Felder zu Wällen auf, reglos standen Schafe und Rinder in der Kälte. Dann und wann schüttelte eine Bö das Bild durch, belebte die fade Landschaft. Doch sonst bewegte sich nichts als ihr Wagen, von Tim gelenkt, hustend und sich mal wieder in sein Taschentuch schnäuzend.

«Fünf Minuten noch, schätze ich ...» Sarah hatte die Angaben des Maklers vor sich auf dem Armaturenbrett, und sie zog schnell noch mal die Karte hinten auf der Hochglanzmappe zurate. «Hier steht: Von der B 768 abfahren und den Schildern nach Glenbank folgen ... Ah, Moment –»

Im selben Augenblick sah sie voraus schon das Schild.

«Gleich hier. Das ist es.»

Tim drosselte das Tempo. Ein Haus war allerdings nirgends zu sehen. Kein Tor oder irgendeine Art Einfahrt.

«Mum.»

Nicky hatte seinen Ohrstöpsel weggeschnickt und beugte sich zwischen den Sitzen vor.

«Das bringt doch alles nichts», sagte er.

Na bitte, Stabilität. Monatelang hatten die Leute von nichts anderem geredet, sie redeten immer noch davon. Dass die Kinder in diesem gewissen Alter wären, wo man achtgeben müsse. Keine drastischen Veränderungen im Ablauf. Keine Umbrüche.

«Das bringt nichts», wiederholte Nicky.

Sarah hörte die Musik, die er gewählt hatte, aus dem winzigen Ohrhörer fiepen, der ihm vor der Brust baumelte. Gott weiß wie laut er sie aufgedreht hatte. Elsa lauschte weiter. Sie hatte sich eine Hand ans Ohr gepresst, drückte ihren Ohrhörer an und formte lautlos die Worte, sang aber nicht mehr mit.

Stabilität. Stabilität.

«Mum?»

«Stellst du das bitte mal einen Augenblick ab? Ich kann keinen klaren Gedanken fassen.» Sarah nahm die Hochglanzbroschüre zur Hand, legte sie wieder weg.

«Ich hab auch keine Lust», sagte Elsa mit tonloser Stimme. «Aber Hunger hab ich schon», fügte sie hinzu. «Essen könnte ich schon.»

Teenager. Sie waren eben Teenager. Und doch war das hier für die beiden schrecklich. Wusste Sarah. Räumte sie ein. Das Ganze, der Wagen. Tim. Tim am Steuer. Niesend. Tim hier in diesem Wagen, dem Familienauto, neben der Mutter. Tim, der die Nacht bei ihnen verbracht hatte, der viele Nächte bei ihnen verbracht hatte … Für Teenager schrecklich, das Ganze. Schrecklich.

«Mum?»

Und jetzt war dieser Tim mit ihr, mit ihnen hier aufs platte Land gefahren. Auf dem Armaturenbrett die Broschüre eines Maklers … Ihnen schwante was. Natürlich. Obwohl sie weder das Haus überhaupt erwähnt hatte noch das, was sie und Tim besprochen hatten, einen Neuanfang und das alles. Gott bewahre. Sie hatte schlicht gesagt: «Lasst uns doch zum Lunch mal aufs Land fahren.» Mehr nicht. «Und vielleicht schauen wir uns unterwegs so ein Haus an.» «Was denn für ein Haus?» Und da hatte sie Elsa die Angaben in der Broschüre gezeigt, die großen Zimmer, den Stall für ein Pony. «Aber ich mag unser Haus», hatte Elsa gesagt. «Ich will nicht woanders hinziehen.» «Ich weiß, ich weiß. Aber wir können doch mal einen kleinen Ausflug machen, oder?»

Also ja, für die beiden war es schrecklich. Im eigenen Wagen mit dem Freund ihrer Mutter am Steuer. Nicht einmal das Wort hatte Sarah je in den Mund genommen: «Freund». Das sagten die Leute doch, oder nicht? Nach einer Scheidung, wenn sie wieder jemand kennenlernten? Egal, wie alt, die Leute sagten dazu Freund. Überwiegend. Oder «der Neue».

Und Nicky und Elsa waren gezwungen, sich mit «dem Neuen», dem «Freund» ihrer Mutter abzugeben ... Gott, Sarah wurde fast übel. Was machte sie da bloß? Doch da waren sie nun, auf dem platten Land, fuhren hinaus, um ein Haus zu besichtigen, das sie vielleicht alle ... was? Beziehen könnten? War das ihr Ernst? Was hatte sie sich um alles in der Welt bloß dabei gedacht?

«Das wird klasse», sagte Tim. Und berührte erneut ihren Schenkel. «Wir sehen uns einfach mal um. Ist doch schön hier.»

War es das? Wirklich? In gewisser Weise. Das konnte Sarah aus Tims Sicht, seiner amerikanischen Sicht, durchaus nachempfinden ... schottische Landschaft und so. Das ländliche Perthshire, und nur eine Stunde von Edinburgh entfernt ... Wer wollte bestreiten, dass Perthshire schön war? Aber jetzt? Wo alles nur braun war? Und kalt?

«Wunderschön», bekräftigte Tim. Oder vielmehr sagte er ‹wudderschön›, mit amerikanischem Akzent und seiner verstopften Nase. Überhaupt nicht schön. Nichts war schön.

Sie bogen von der Landstraße ab in die Auffahrt. Von dem Haus war immer noch nichts zu sehen. Als wären sie ins Feld abgezweigt, der Weg bloß eine dunkle, durchs Erdreich, durch die Segge links und rechts gepflügte Furche. Im Sommer würde hier alles grün sein. Sommer … dachte Sarah. Wann käme der wohl jemals? Der Sommer, wenn ringsum geheut und alles goldgrün würde? Wenn die Bäume, die jetzt voraus auftauchten, im Laub stünden und einen herrlichen violetten Schatten auf den Rasen werfen würden, der jetzt langsam zu überblicken war, vor einem großen grauen Haus und dem daneben aufblitzenden Fluss.

«Trägt seinen Namen sehr zu Recht!», begeisterte sich Tim. «Findet ihr nicht? Schaut nur! Dahinter? Da ist das Tal, das ‹Glen›, oder? Mit Fluss. Kommt.» Er hielt an, stellte den Motor ab. «Das sehen wir uns mal an.»

Er griff an Sarah vorbei in den Fußraum und zog einen Parka hervor.

«Das macht bestimmt Spaß!»

Einen Augenblick wurde für Sarah wieder der jungenhafte Charme sichtbar, der sie zunächst – wie lange war das her … ein halbes Jahr? – so angezogen hatte. Nachdem Alistair sie verlassen hatte. «Das macht bestimmt Spaß», hatte er auch damals gesagt, als sie sich auf einer Cocktailparty kennengelernt hatten und er sie gleich zum Essen in ein piekfeines Lokal eingeladen hatte. Und das hatte es auch, oder nicht? Damals? Als sie dringend ein bisschen Spaß gebraucht hatte? Hatte sie jedenfalls gedacht ...

Jetzt marschierte er von ihr fort, zog im Gehen den Parka über, schob das Tor auf, ließ es gleich offenstehen und hielt inne, wie Sarah auffiel, um mal wieder das elende Taschentuch hervorzuholen. Aber er sah gut aus, oder nicht? Hochgewachsen, mit diesem typisch amerikanischen, vom vielen Sport geformten Körper. Sie spielten doch alle Football, oder, daran lag es sicher, dass sie so groß und breitschultrig waren ... Alle bescheinigten ihm ein gutes Aussehen. Jetzt blieb er stehen, um sich zu schnäuzen und den Blick über Haus und Garten schweifen zu lassen. *Laird*, dachte er sicher, sah sich als Gutsherr. Ah, wudderschön, dieses Land. Schottland. Angeln. Jagen. Leben wie Gentry, wie ein Gentleman. Das volle Programm.

«Kommt schon!», rief er ihnen zu. Er schnäuzte sich noch mal und winkte sie herbei. «Kommt schon, Leute!»

«Ich steige nicht aus», sagte Nicky. Elsa sah zum Fenster hinaus, weg vom Haus, weg vom Freund ihrer Mutter. Nicky hatte jetzt wieder beide Ohrhörer drin, schloss die Augen, verlor sich in der Musik.

Die beiden brauchten sie nicht.

Das sagte sich Sarah immer öfter in der letzten Zeit. Teenager ... welche Teenager brauchten schon ihre Mütter? Und die geregelten Abläufe, von denen alle sprachen, etwa die der Mütter? Was brachte schon die ganze Stabilität? Teenager wollten von geregelten Abläufen doch gar nichts wissen, sie waren instabil, wozu sonst war man Teenager? Und im Nu wären sie erwachsen und weg und sie allein. Sie wäre allein, während die beiden woanders lebten, weit weg vielleicht. Oder aber, hatte sie sich gesagt, wenn sie die Dinge nüchtern betrachtete, wenn sie an die Zukunft dachte, sie könnte mit jemandem zusammen sein. Einem Neuen. Schließlich war Alistair seit einem Jahr fort, daran würde sich ja nichts mehr ändern, oder? Er würde nicht wiederkommen.

Plötzlich war Sarah todmüde. Das Wetter. Die braune, durchweichte Erde. Wahrscheinlich brütete sie was aus, Tims verflixte Erkältung. Es fröstelte sie. Selbst bei aufgedrehter, auf Hochtouren laufender Heizung; sie wollte sich in ihren Sitz kauern, sich einigeln …

Tim war weg. Sie sah ihn nicht mehr, er war wohl hinterm Haus. Sie würde ihm noch einen Moment geben und dann, ja okay, würde sie aussteigen und sich ihm anschließen. Sich das Haus ansehen, wie er das von ihr erwartete. Es war schließlich ganz hübsch. Typisch georgianischer Stil, symmetrisch, davor tellerebener grüner Rasen. Klar gegliederte längliche Fenster. Drinnen bestimmt zauberhaft. Das wusste Sarah, ohne groß zu überlegen.

Deshalb hatte sie, als Tim ihr die Broschüre gezeigt und vorgeschlagen hatte, dass sie herfahren könnten, gesagt: «Warum nicht?» Ein ödes Wochenende Ende Januar … Und inzwischen waren sie lange genug zusammen, dass Nicky und Elsa sich doch an ihn gewöhnt haben mussten, oder?

«Wer weiß», hatte Tim bemerkt. «Kids. Fangen doch auch gern mal neu an. Nicky könnte einen Schuppen für sein Drum-Set haben, Elsa könnte ein Pferd halten. Ich würde ihr eins kaufen.»

Also …

Wudderschön.

Und doch sagten sie es immerzu, die Experten, oder nicht? Dass Kinder nach einer Scheidung Beständigkeit brauchten? Und dass die Frauen, sprich die Mütter, lieber warten sollten, bis der Aufruhr nach der Trennung sich gelegt hatte, bevor sie sich auf Neues einließen, oder? Weil die Kinder Zeit brauchten, zu akzeptieren, dass Daddy nicht wiederkommt. Sie brauchten Zeit, also abwarten, warten, bis sie ein bisschen erwachsener waren. Aufhörten, an Happy Ends zu glauben.

Sarah griff sich vom Rücksitz ihre Jacke, die zwischen die beiden, ihre Kinder, gequetscht war wie eine alte Kuscheldecke.

«Unsere Kinder» hatten sie und Alistair einst gesagt. Jetzt konnte sie ihnen nicht in die Augen sehen.

Rasch zerrte sie sich die Jacke über und stieg aus, doch da begegnete sie, einen Sekundenbruchteil nur, Elsas Blick. Nur den Bruchteil einer Sekunde, aber er war leer, der Blick ihrer Tochter. Wie die Landschaft draußen. Kein Leben darin.

«Lass den Motor laufen, Mum», sagte Elsa. «Fürs Radio. Wenn du aussteigst, will ich Radio hören. Unsere Musik ist zu leise.»

«Nein, ist sie nicht», erwiderte Sarah. «Ich habe sie noch von vorn aus den Ohrstöpseln plärren hören.»

«Glaub mir, Mutter, ich habe rein gar nichts gehört. Weil dein Freund ja ständig niesen musste.»

«Er ist nicht mein Freund. Tim ist kein Teenie.»

«Du weißt, was ich meine, Sarah.»

«Eins steht jedenfalls fest», sagte Nicky, «er ist nicht mein Dad.»

«‹Hatschi! Hatschi! Husch husch husch!›», sang Elsa.

Nicky stürzte aus dem Wagen und lief los. Er hatte nicht einmal einen Pullover an.

«Warte!», rief Sarah ihm hinterher. «Wir sehen uns zusammen das Haus an!»

«Er will sich dein blödes Haus nicht ansehen», sagte Elsa.

Draußen an der Luft war es kälter, als sie gedacht hatte. Und feucht. Man atmete sie förmlich, die grundklamme Luft einer uralten Kälte. Sie ließ Sarah frösteln. Sie drang ihr in die Knochen, ins Blut, schien ihr. Gott, war ihr kalt. Was ging hier vor? Wie kam es, dass sie immer noch schwankte, hier jetzt stand? Sich selbst in einem Haus sah, in dem zu leben sie keinerlei Absicht hatte? Oder? Mit einem Mann, mit dem sie nicht zusammen sein wollte? Mit Kindern, die sie ansahen, wie Elsa sie angesehen hatte. Hier war alles leer, tot. Unerbittlich.

Und doch entfernte sie sich, am ganzen Leib schlotternd, vom Wagen, dachte aber gar nicht daran, ihrem Sohn nachzugehen, sondern umrundete das Haus, und da war Tim, stand da und lugte zum Fenster hinein. Er war nicht Teil ihrer heimlichen Gedanken, er tat gar nichts. Oder vielmehr schnäuzte er sich.

Also – «alle machen Huschhuschhusch» sang sich Sarah vor.

«Schade», rief Tim ihr zu, als er mit dem Taschentuch fertig war und es wieder in seinen hässlichen grünen Parka schob. «Ein Schlag ins Kontor. Die Schlüssel sind nicht da, wo der Makler sie hinterlegen wollte. Wir können nicht rein. Es wird nichts mit der Besichtigung.»

«Ach.»

Sarah spähte durch ein hinteres Fenster in den Spül-trakt und die Küche dahinter. Das Haus stand offenbar seit Jahren leer. In der Küche gab es einen alten Trog, sonst nichts. Sie wechselte zu dem einzigen anderen hin-teren Fenster, das den Blick auf eine kleine Diele freigab. Dort war alles dunkel. Insgesamt war das Haus kleiner, als sie gedacht und als es gewirkt hatte. In der Beschrei-bung des Maklers hatte es recht großzügig geklungen und war ihr, als sie vorfuhren, fast feudal erschienen. War es aber eigentlich nicht. Nicht aus der Nähe. Eher eine ziem-liche Katastrophe. Wie es Tim gesagt hatte und aus sei-nem amerikanischen Mund so fremd klang: ein «Schlag ins Kontor». Das traf auf das Haus zu, die gemeinsame Herfahrt mit einem Mann, den sie nicht liebte, nie geliebt hatte, mit ihren Kindern, die ihre Kinder waren, ihre und Alistairs …

«Stimmt, ein Schlag ins Kontor», sagte sie zu Tim. «Es ist ein schreckliches Haus. Kein Wunder, dass es ver-fällt. Kein Wunder, dass sie dafür so wenig verlangen.»

«Das nennst du wenig?», staunte Tim. «Großer Gott, was ist dann bei dir wohl viel? Die Lage ist großartig, das Haus hat Atmosphäre. Ich habe vorn reingesehen, die Treppe führt ganz hinauf bis –»

«Und wenn schon.» Sarah war klar, dass sie jetzt zickig wurde. «Es ist pseudofeudal. Es ist kein wirkliches Haus, kein Heim für eine wirkliche Familie. Es ist Ausdruck von jemandes Prunksucht.»

«Bitte?» Armer Tim. Er war verwirrt. Nach so viel Sex, so viel Reden und Überlegen. So vielen bei ihr verbrach-ten Nächten, immer mehr. Wochenenden, sogar, damit er die Kinder kennenlernen könnte, ihr Auto fahren …

«Wovon redest du bloß», sagte er. «Herrgott, Sarah.»

«Aber sieh doch», sagte sie zu ihm, der sich bereits abgewandt hatte. «Sieh dir das Haus doch an», sagte sie. «Es gibt kein Glen, zu Häupten dessen es liegen könnte, siehst du das nicht? Nur das bisschen Fluss ... Alles plattes Land, Tim, nirgends Berghäupter, nirgends ein Glen.»

Eigentlich führte sie Selbstgespräche. Tim hatte sie stehen lassen. Er war auf dem Weg zum Auto. «Wir können hier nichts ausrichten», rief er über die Schulter zurück. «Wir müssen uns erst die Schlüssel besorgen.»

«Sei nicht albern», sagte Sarah. Die Wörter stiegen als Frostwolke vor ihrem Gesicht auf, dabei hatte sie ganz leise gesprochen. Sie würden nicht wiederkommen. Sie drehte noch eine Runde ums Haus, spähte zu anderen Fenstern hinein. Vorn, sah sie, und da hatte Tim recht, gewann das Haus wieder. Da waren ein Esszimmer, eine Diele, deren Innentür offenstand, sodass sie im Licht einer Lünette einen Parkettboden und den Schwung eines Treppengeländers erkennen konnte ...

«Ha, nicht übel», sagte Sarah. «Also warum bist du so allein?»

«Weil der Mann, den ich liebte, mich verlassen hat», antwortete das Haus. «Er liebt mich nicht und ist weggegangen. Und nun habe ich kein Herz mehr», flüsterte das Haus, «nur leere Zimmer, und die meisten sind eng und dunkel.»

Sarah wandte sich von dem Fenster ab und blickte zum Wagen hinüber. Nicky stand an der offenen hinteren Wagentür. Elsa hockte zusammengekauert drinnen. Das Radio wummerte, furchtbare, furchtbare Musik mit einem blechernen Elektrobeat. Was dachten sie, ihre

Kinder? Von ihr? Von diesem Tag? Dachten sie an ihren Vater, den sie liebten, oder an die Freundin ihres Vaters, die sie schon ein paarmal getroffen hatten, an den gemeinsamen Urlaub, von dem Alistair neuerdings sprach, er und die beiden und auch die Freundin? Dachten sie daran, an Urlaub, oder nur an das hier, diese Kälte hier, wo sie in diesem Augenblick waren, die braune, braune Erde? Dachten an gar nichts? In ihrem Rücken stand das Haus wie ihr Schatten. Sarah spürte es, das arme Ding. Es wusste es auch nicht. Beide standen sie einfach. Warteten mit leeren Zimmern, aber verriegelter Tür.

Einen Augenblick lang wollte Sarah kehrtmachen und zurückgehen. Eine Möglichkeit finden, hineinzugelangen, ein Fenster einschlagen. Tim erzählen, sie habe hinten an der Spülküche eine marode Tür entdeckt, und ob er sie nicht aufdrücken wolle. Ihm sagen, dass sie sich vielleicht durch den Keller Zugang verschaffen könnten, durch eine andere Tür, irgendwie, egal wie, damit sie in die herrliche Diele treten, das Licht der Lünette auf ihrem Gesicht spüren, das Haus sie aufnehmen lassen könnte. Dann würde sie die breite Treppe hinaufsteigen, durch die Zimmer wandeln und, wer weiß, vielleicht doch bleiben, wie es Tim gemeint hatte, vielleicht doch kaufen, das Haus, und dort leben, und vielleicht würde Tim ihr zweiter Mann, dann hätten Nicky und Elsa neben Alastair einen weiteren Vater, und mit der Zeit könnten Alastair und seine Frau, sie alle vier, vier Erwachsene, hier zusammen den Sommer verbringen, die Bäume belaubt, die Felder grün, und würden zum Lunch hier zusammenkommen, allesamt, auch die Kinder, und draußen auf dem Rasen ihre Drinks nehmen ...

Aber das war verrückt. Das alles. Was dachte sie sich bloß? Das Haus – es war kein richtiges Haus. Das hatte sie doch gesehen, dazu brauchte sie nicht noch mal umzukehren und sich zu vergewissern, sie wusste es, das Haus wusste es. Es war pseudo. Wo steckte überhaupt Tim? Sie sollten aufbrechen.

Die Kinder hatten sich nicht gerührt. Sie warteten weiterhin am Wagen, Nicky angelehnt, ein langer Schlaks, schon so groß wie sein Vater. Die Musik würde sie immer retten, nahm Sarah an, beliebig lange, sie würden sie laufen lassen. Schließlich waren sie Teenager. Was ging die beiden das alles an, wozu sich überhaupt Gedanken machen?

«Ich habe euch ein Lunch versprochen», sagte Sarah, als sie bei ihnen angekommen war.

«Hä?» Nicky sah hoch, Elsa wandte den Kopf, löste einen Ohrhörer, ließ ihn fallen und beugte sich vor, um das Radio auszuschalten. Die leise, aber penetrante Musik aus dem Hörer schwirrte trotzdem weiter hinaus in die Kälte, ein frenetisches Summen, wie sirrende Insektenflügel.

«Ich hab's versprochen», sagte Sarah erneut. «Also los.» Sie berührte beide flüchtig, ihren Sohn an der Schulter, ihre Tochter ganz leicht am Scheitel. «Ihr beide», sagte sie. «Sobald Tim zurück ist, hauen wir ab hier, ja? Ich such uns inzwischen ein nettes Lokal.»

WEGBLEIBEN

Die Highland-Geschichten

Vier eigenständige und doch verbundene Geschichten: zwei Schwestern und ihre Kinder, zwei Mädchen und ein Junge. Mehr zu dieser Familie geht dem, was hier abgedruckt ist, voraus, aber das sind Geschichten, die hier nicht erscheinen.

Der Vater

Der Vater sagte, er werde sie zum Baden an den Strand bringen, aber er brachte sie nicht an den Strand. Dreimal marschierte Cassie deswegen in sein Zimmer: das erste Mal, um sich zu vergewissern, dass er es tun würde; das zweite Mal, um ihm zu sagen, dass sie nun aufbrechen könnten; das dritte Mal, um ihn daran zu erinnern, dass er gesagt habe, er würde es tun. Alle drei Male aber schlief der Vater.

Anscheinend wollte er, der Vater, bloß da im Dunkeln in dem ollen Zimmer bleiben. Draußen schien die Sonne, und Tante P. meinte, sie fänden schon alleine an den Strand. Dass Bill den schmalen Küstenpfad an den

Klippen kenne, sagte sie, und dass er die Mädchen sicher hinbringen würde.

«Aber der Vater hat es doch gesagt», sagte Ailsa. «Er hat mich auf seinen großen Arm genommen, er hat es mir gesagt, und wir haben es geglaubt.»

Und sie fing an zu weinen.

Ailsa war aber erst vier. Was wusste sie schon? Das sagte Bill später, als er und Cassie allein den Pfad hinabgingen, die Badeanzüge schon unter ihren anderen Sachen an und mit Proviant in Bills Beutel. «Wenn du erst vier bist», sagte Bill, «glaubst du die ganzen Lügen, die Erwachsene erzählen. Der Vater meiner Mutter ...» Er schwenkte den Beutel und drosch ihn übers Gras. «Der erfindet so Zeug einfach. Das sagt jedenfalls meine Mum. Und deine Mum auch.»

«Wirklich?», meinte Cassie. Sie sagte es, als wollte sie sichergehen, aber im Kopf sah sie ihre Mum längst beipflichten. Lachend, irgendwie. So waren ihre Mum und Tante Pammy eben miteinander, sie lachten und erzählten sich Geheimnisse, als wären sie verliebt. Ab mit dir, Cass ... sagte ihre Mutter immerzu, wenn sie hier oben Ferien machten. *Ich brauche ein bisschen Zeit mit meiner Schwester. Das wird dir mit Ailsa mal genauso gehen. Deine Tante und ich haben viel zu besprechen. Verstehst du? Wir sehen uns übers Jahr sonst nicht, und jetzt ist die einzige Gelegenheit ...*

«Ja», sagte also Cassie zu Bill. «Das hat sie wohl. Meine Mum hört immer auf deine Mum.»

«Meine Mum sagt, der Vater hat einen Knall», sagte Bill und hievte den Beutel mit dem Proviant von einer Schulter auf die andere. «Sagt, der ist, seit Granny tot ist, nicht mehr ganz richtig im Kopf.» Dann lief er das letzte Hangstück voraus, und kurz drauf sah Cassie ihn an dem kleinen Strand, wo auch Ailsa und der Vater hätten sein müssen, sah ihn den Beutel mit den Sandwiches und dem Saft von sich schleudern und sich in der hellen, herrlichen Highland-Sonne die Kleider vom Leib zerren.

Cassie kam zu gern hier herauf, um Bill und Tante P. zu besuchen. Und das war auch bei ihrer Mum so und bei Ailsa und bei Granny, als sie manchmal noch dazukam und sie alle zusammen waren, deshalb war es merkwürdig, noch wen dazuhaben in ihrer besonderen, privaten Welt. Und noch nie hatten sie wen dagehabt, der Vater sein konnte. *Mit Männern haben wir's nicht so ...* hatte sie ihre Mutter einmal sagen hören, als sie im Dorf waren und jemand Cassie gefragt hatte, wo ihr «Daddy» sei. Echt jetzt: Sie hatte nie einen Daddy gehabt, und Bill eigentlich auch nicht. Es hatte mal Daddys gegeben, sagten Mum und Tante Pammy, aber das sei lange her, als die Kinder sehr klein waren und Ailsa noch ein winziges Baby. Obwohl Bill meinte, er könne sich an seinen erinnern. Trotzdem, Cassie kriegte kein Bild hin, wenn sie sich vorzustellen versuchte, was ein Vater war.

Und jetzt war diesen Sommer plötzlich einer in ihrer Mitte erschienen. Der eigene Vater von Mum und Tante Pam war in seinem komischen Auto ganz aus dem Westen hergefahren. Der war die ganzen Jahre mit Granny verheiratet gewesen, seit sie Braut war, und das hatten sie auch nicht gewusst. Kein Wort von ihm, kein Gedanke an ihn. Bis er eines Tages plötzlich da war, nachmittags *aus heiterem Himmel* den Weg hochgefahren kam ... Die Worte hörte Cassie ihre Mutter dauernd sagen. Dachte immer, wenn sie daran dachte, mit Schrecken an den Ausdruck auf dem Gesicht ihrer Mutter, als der Wagen den schmalen Weg zum Haus heraufkam.

Seither fühlte sich alles anders an. *Aus heiterem Himmel.* Wie sich das Gesicht ihrer Mutter verändert hatte. Und dass sie sich beim Anblick des komischen Autos die Hände vor den Mund hielt, als müsste sie einen Schrei ersticken ... dann reingelaufen war zu Tante Pam, und wie die beiden sich aneinandergeklammert hatten, als wären sie kleine Kinder, und Tante Pammy wieder und wieder gesagt hatte: «Schon gut, Susan. Wir sind jetzt erwachsen. Wir werden ja sehen, was er will. Geld, wahrscheinlich. Wir geben ihm was, und dann geht er wieder.»

Aber das war so ziemlich am Anfang der Ferien gewesen, und die waren jetzt schon halb rum. Und nichts hatten sie gesehen, oder? Und er war nicht gegangen, oder? Der Vater blieb einfach auf seinem Zimmer oder kam am Abend raus und saß da, fing zu reden an, stellte Fragen, als wartete er auf irgendwas, Glas in der Hand, Flasche neben sich auf einem kleinen Tisch. Bill sagte, der Vater sei obendrein zu dem Knall noch Alki, also ein ziemlich merkwürdiger Vater. Das habe er seine Mum sagen hören, meinte Bill, als er eines Abends nicht einschlafen konnte und seine Mum und Cassies Mum in der Küche flüstern hörte, nachdem der Vater endlich abgezogen war.

«Er trinkt Whisky und Bier, und dann kann er nicht mehr reden», sagte Bill am nächsten Tag zu Cassie, nachdem er mitten in der Nacht aufgewesen war und an der Tür gelauscht hatte. «Jetzt weiß ich Bescheid», sagte er. «Warum er da ist. Warum meine Mum und deine Mum von zu Hause weg sind, als sie noch klein waren, und ihn nie wiedergesehen haben.»

Aber was hieß «Bescheid»? Das hätte Cassie gern gewusst. Wenn Bill Bescheid wusste und die Mütter auch, warum blieb dann alles, wie es war?

Letzten Endes schien keiner wirklich so gut Bescheid zu wissen. Wieso der Vater gekommen war; sie hatten ja nicht mal gewusst, dass ihre Mütter einen Vater hatten. Wieso ihre Mum und ihre Tante einen eigenen Daddy hatten und nie was davon gesagt haben sollten.

Als sie ihre Mum danach fragte, sagte die bloß: «Pscht. Ist egal, Schatz.» Ob sie abwusch oder draußen mit Tante P. die Wäsche auf die Leine hängte und schwatzte … immer hatten die zwei Schwestern sich allerhand zu sagen. Und der Vater blieb auf seinem Zimmer, fast die ganze Zeit, bis er spätnachmittags hervorkam und auch zu reden begann, im sonnigen Wohnzimmer auf der Couch saß, die Beine lang ausgestreckt, als wohnte er da schon sein ganzes Leben. «Ich will meine Enkelkinder um mich haben», sagte er dann. «Was wollen wir morgen unternehmen, hä? Sagt schon. Was würdet ihr Kleinen gern machen?»

So war es dazu gekommen, dass Ailsa fragte, ob er sie nicht zum Baden bringen könnte, weil das Väter in den Büchern über Familien eben taten. Sie gingen mit Picknicks an die Klippen, und dann stapften sie den steilen Hang hinab wie Riesen, nahmen die Kinder an die Hand und trugen Taschen und Zelte und das ganze Zeug fürs Lagerfeuer runter ans Meer. Halfen den Kindern, wenn sie hinfielen. Schwangen ihre Riesentaschen und riefen: «Hier lang! Hier lang! Mir nach!» Und der Vater hatte gesagt, ja, er würde sie hinbringen. Und zwar nicht nur zum Baden. Er würde sie hinausbringen auf den Felsen im Meer, wo manchmal die Seehunde hinkamen, er würde ihnen helfen, da ganz hinzuschwimmen, und das würde ein Klacks sein, er würde ihnen zeigen, wie's geht, und würde sie hinbringen. «Für die Picknicksachen nehmen wir eine Plastiktüte, die binde ich mir auf den Rücken», hört Cassie ihn bis heute sagen. Er hatte mitten zwischen ihnen gesessen, mit den Händen in der Luft ausgemalt, wie es sein würde. Was sie tun würden, wenn sie dort ankamen, am Strand und am Felsen bei heiterem Himmel und tiefblauem Meer ... die ganze Pracht der Unternehmung ausgemalt dort in der Nachmittagssonne mit seinen dünnen weißen Händen, den Traum, der sie für den Moment alle vereinte, im Zimmer die Sonne, die beiden Mütter in der Tür, als wagten sie sich nicht ganz herein, aber doch lächelnd auch sie, lächelnd.

«Ich werde mit euch einzeln zum Felsen hinausschwimmen, und dort bleiben wir dann den liebelangen Tag, freunden uns mit den Seehunden an, treffen die eine oder andere Nixe ... Vielleicht übernachten wir sogar, machen ein Lagerfeuer, schlagen ein Zelt auf ...»

«Und das alles kommt vom Schwimmen?», hatte Ailsa gefragt.

«Das alles», hatte der Vater gesagt. «Komm her zu mir, Süße», und da hatte er meine Schwester hochgenommen und sie durch die Luft geschwenkt und zum Lachen gebracht. Da hatten wir noch geglaubt.

Der Fels

Hinter dem Garten lag eine Weide, und auf der durften wir eigentlich nicht spielen, taten es aber dann doch.

Bill meinte, alle aus seiner Schule spielten dort, gingen nachmittags hin, nach dem Essen. Erst jagten sie die Schafe weg, dann bauten sie Forts und dachten sich gefährliche Spiele aus mit Verstecken und Höhlen, von denen die Erwachsenen nie erfahren würden, auf der Weide, die einfach mit dem Rand aufhörte und keinen Zaun hatte, die steil abfiel, wo ein Zaun hätte sein sollen, senkrecht ins Meer.

Tante Pam verbot uns strikt, dorthin zu gehen. Weil das Gras einfach so aufhörte, als hätte Gott dort die Erde abgehackt und sie runter auf die Felsen fallen lassen, wo laut die Wellen krachten und einen eigenen Sturm machten, ihr eigenes wildes, verrücktes Wetter.

Tante P. hatte viele Regeln für die Zeit auf dem Bauernhof. Regeln über Gatter, die zugemacht werden mussten, über Kühe, die nicht gestört werden durften, wenn Kälber dabei waren. Regeln darüber, dass man mit den Schafen sanft umgehen musste, weil Schafe selbst sanft waren, und darüber, wie lange wir drei Kinder allein unterwegs sein durften, ohne dass sie nach uns sehen musste. Sie sagte, Bill sollte es besser wissen, als dauernd von dieser Weide zu schwärmen und wie gut man dort spielen könnte.

Sie musste ohnehin tagtäglich den Bauern anrufen und verlangen, dass er dort wieder einen Zaun zog, weil nämlich alle Welt wissen müsse, wie gefährlich die Weide ohne sei. Sie wusste von Winden, die dich einfach hochreißen und wegpusten konnten, und anderen, die dich schubsten. Dann sah sie Bill auf eine Weise an, dass er sich abwandte.

«Du solltest es besser wissen», sagte sie ihm. Aber er sah weiter einfach weg.

Tante Pam kannte sich mit dem Wetter und Land eben aus. Auch wenn es nicht ihr Hof war und sie dort nur wohnte. Onkel Robbie war Landwirt gewesen, als er noch lebte, bevor Bill zur Halbwaise wurde ohne einen Daddy. Aber jetzt musste sie immer den anderen Bauern anrufen, der seine Tiere auf den Weiden hielt, die mal ihnen gehört hatten, sagten sie und Bill und früher Onkel Robbie. Sie musste den Bauern wegen jeder Kleinigkeit um Erlaubnis bitten, als hätten sie drei dort nie mit eigenen Schafen und Kühen gelebt. Es war also Onkel Robbie gewesen, der Tante Pam vor ewigen Zeiten erzählt hatte, wo der Nordwind herkam und was er anrichten konnte, und er hatte es auch Bill gesagt – als wüsste er einfach alles über das Leben dort oben, über die Klippen und die Luft und warum es keine Bäume gab, weil der Wind sie nämlich entwurzelt hatte, größtenteils, und weggetragen.

Bill sagte, das hätte man eben von einem Leben «ganz im Norden». Dort könnte alles Mögliche passieren.

«Das wisst ihr Mädchen nicht», sagte er zu uns, weil er das Sagen haben wollte, wenn wir dort Ferien machten. «Das könnt ihr Mädchen nicht wissen, aber hier, wo wir leben, sind die Dinge anders als sonst wo in Schottland oder England oder sogar Großbritannien. Weil es bei uns Sachen gibt wie eine gefährliche Weide hinterm Garten, und das wissen wir Kids hier oben, aber wir sind stark. Ich zum Beispiel könnte euch zum Spielen auf die Weide mitnehmen, wenn ihr nicht zu viel Angst habt. Wir könnten da allerhand tun, was Angst macht, aber auch aufregend ist. Und wenn es die anderen tun, warum nicht ihr? Also, wollt ihr? Ja? Ja?»

Letztlich wusste ich immer nicht, was ich sagen sollte. Tante Pammy machte die Regeln, aber sie war in dem Sommer während unserer Ferien meist beschäftigt. Sie hatte im Haus zu tun, im Dorf mit den Leuten. Ich habe sie als die in Erinnerung, die weiße Laken auf die Leine hängte oder lange Einkaufslisten schrieb, die Fußböden fegte, und manchmal denke ich, das alles, das ganze Beschäftigtsein lag letztlich daran, dass Onkel Robbie ihr fehlte und sie darüber nicht sprechen und nicht weinen wollte. Bill sagte, das dürfe sie nicht.

«Niemals», sagte er. Das war *seine* Regel. Seit sein Dad, sagte er, auf der Highland Show vom Pferd geworfen worden und sein Kopf vor aller Augen weit aufgeplatzt war, denn schließlich habe *er* selbst da nicht geweint.

«Weil daran niemand was ändern kann», sagte Bill. «Dass mein Dad tot ist. Also darf auch niemand weinen.»

Das war aber im Herbst davor passiert, und Mum hatte mich und Ailsa aus der Schule genommen und wir waren hingefahren, um Tante Pam und Bill zu helfen, und es hatte ein Begräbnis gegeben, und ich hörte Mum und Tante Pammy reden und reden bis tief in die Nacht, immerzu über Onkel Robbie und den Hof und irgendwas über das Geld und Onkel Robbie «am Abgrund». Und jetzt war wieder Sommer. Und Bill sagte nie mehr was dazu, dass ihm sein Dad fehlte, oder über die anderen Dinge, über die ich Mum und Tante Pammy hatte reden hören.

«Kommt schon», sagte er stattdessen. «Sagt, dass ihr keine Angst habt. Ich nehme euch mit auf die Weide, und wir spielen das gefährliche Spiel.»

Also sagten Ailsa und ich: Ja, wir würden mitgehen. Nicht auf Tante Pammy hören, unverantwortlich sein, denn das wären wir, hatte sie uns gesagt, unverantwortlich und hintenrum, wenn wir die Hofregeln brächen. Trotzdem zogen wir eines Nachmittags, als sie aus dem Haus war, mit Bill los, und an diesem Tag schien keine Sonne, aber es war warm und grau, und es gab keinen Wind, der uns schubsen könnte.

«Bleibt dicht bei mir, Mädchen», sagte Bill. «Ich pass schon auf euch auf.»

Das Spiel, wie sich herausstellte, war gar kein Spiel. Kaum hatten wir die Weide erreicht, wurde mir klar, dass Bill gelogen hatte. Über die Spiele, die dort stattfanden. Über die aus seiner Klasse, die sich dort nach der Schule zum Spielen trafen. Es gab kein Spiel. Wir liefen in der wattigen grauen Luft durchs Gras immer weiter auf die Weide hinaus, und um uns war nichts, gar nichts. Ich spürte, wie still und stumm es war und wie weiter hinten die Schafe vor uns zurückwichen, kurz hochsahen, uns bemerkten, einen Augenblick innehielten und dann unter Bäh-Lauten ausrissen, wie sie Lämmer von sich gaben, wie schreiende Babys.

«Kommt schon», sagte Bill. «Das geht so ...», und er führte uns immer weiter auf die Weide hinaus. Inzwischen war alles irgendwie langsamer. Weiter weg. Im Rücken das Haus, die kleine Schiefermauer des Gartens, und die Luft war mild und warm und grau, und alles stand still bis auf uns, wir gingen immer weiter auf die

Weide hinaus, im Wissen, dass am Rand gar nichts war. Über uns hörte ich Brachvögel kreisen und klagen, Bill aber sprach nicht, und Ailsa sagte ohnehin nie viel, sie tappte mir meist einfach hinterher und verstand ohne Worte – als ich daher begriff, dass es kein Spiel gab und Bill das Ganze mit dem Spielen auf der Weide erfunden hatte, ahnte ich, dass Ailsa wahrscheinlich auch wusste, dass Bill was ganz anderes vorhatte.

Ich behielt ihn dort vor mir im Blick. Er hatte einen Stock, den schwang er anfangs beim Gehen, aber dann sah ich, dass er sich den Schafen näherte. Er schwang seinen Stock, und dann schwang er ihn immer mehr Richtung Schafe, und die setzten sich in Trab, liefen immer schneller vor ihm auseinander, panisch, gehetzt, und da wusste ich, da stimmt was nicht.

Wenn Tante Pammy sagte, es gebe auf dem Hof Regeln, sagte sie auch stets, dass sie die alle von Bills Dad gelernt habe, die über das Wetter und auch die anderen, und Bill kenne die Regeln genauso, er habe sie genauso von seinem Vater gelernt. Also musste Bill klar sein, dass wenn sein Dad noch am Leben wäre, er ihn niemals hätte losziehen lassen wie an diesem Tag. Sein Dad war ein Mann gewesen, der dort wahrscheinlich selbst einen Zaun hochgezogen hätte, um die Schafe zu schützen, sie zurückzuhalten. Nie hätte er einen Jungen schnurstracks auf den Rand einer Weide zulaufen lassen, die senkrecht ins Meer abfiel. Aber er war nicht da. Und der Hof hatte auch nie ihm gehört, sagte meine Mum später – viel Kummer in der Familie und vergebliche Hoffnung, weil Bills Dad es nie geschafft hatte, zu Besitz zu kommen und Bauer mit eigenem Land zu sein. Vielleicht hatte das Bills Dad «an den Abgrund» gebracht – wie ich es meine Mum und Tante Pammy hatte sagen hören, als ich an der Tür lauschte, hatten Sorgen und ein Hof, auf dem sie nicht zurechtkamen, den Mann in sein Unglück gestürzt, und das erklärte, dachte ich, als ich sie es sagen hörte, warum er nur sterben konnte.

Ich denke jedenfalls, dass ich das dachte. In Wirklichkeit aber kann ich mich nicht recht erinnern, wann ich davon erfuhr. Selbst jetzt kommt mir, wenn ich von jenem Sommer schreibe und an ihn und die Ferien davor zurückdenke ... alles lange her vor. Wir fahren nicht mehr in den Norden, und wir sehen unseren Vetter und unsere Tante nicht mehr, weil sie weit weit weggezogen sind.

Aber dieser eine Tag mit Bill scheint nicht so fern. Als hätte Ailsa mich erst gestern eingeholt und meine Hand gepackt, ohne etwas zu sagen, aber erschrocken wegen der Art, wie Bill mit den armen Schafen war. Wie er sie jagte und anschrie und seinen dicken Stock schwang. Ich ging schneller, versuchte aufzuschließen, aber ich merkte, dass mir unter den Füßen die Weide ausging, und wollte nicht rennen, weil die Weide, je näher wir Bill kamen, immer mehr zu Himmel wurde und er eines der Schafe auf den Abgrund zutrieb.

«Lass das!», muss ich geschrien haben. «Bitte! Komm zurück!»

«Bitte! Komm zurück!», rief auch Ailsa, weil sie damals erst vier war und meist was nachplapperte, wenn sie sprach.

«Geht nicht, das ist das Spiel!» Bill wandte sich nach uns um. Wir waren jetzt dicht bei ihm, und seine Augen blitzten, seine Backen waren vom Laufen und Brüllen ganz rot. Er keuchte. «Passt auf!», rief er. «Passt auf, was ich kann. Schaut her –»

Und er wandte sich wieder ab, und er trieb das Schaf noch ein paar Schritte vor sich her, das machte kleine Babygeräusche und ruderte mit dem wolligen Schwanz und floh vor Bills dickem Stock und seinem furchtbaren Brüllen.

«Schaut her!», rief der, und da ging das Schaf über die Klippe. Eben noch lief es durchs Gras, dann war es weg.

«Seht ihr?», rief Bill. «Seht ihr, was ich getan habe? Wie gefährlich das Spiel ist? Schaut nur –» Und er packte mich an der Hand und zog mich und Ailsa näher, näher an den Rand.

Wir waren kaum noch zwei Schritte entfernt, und mir war ganz übel beim Gedanken, hinzusehen, aber ich konnte nicht anders. Hinab über die Steilkante ins brodelnde Meer auf den großen spitzen schwarzen Felsen. Und dort unten, aufgeplatzt, mit so rotem Zeug, das aus der weißen Wolle quoll, das arme Schaf, das er rübergejagt hatte. Der Kopf ganz komisch verdreht, die Beine in alle Richtungen geknickt.

Um mich drehte sich alles wie das Meer, das den großen Felsen umspülte, und da schrie Ailsa gellend.

«Heulsuse!», brüllte Bill sie an und schubste sie, und da schrie sie noch mal. «Heulsuse!», brüllte er sie wieder und wieder an und auch mich, aber er war der, dem die Tränen übers Gesicht liefen, nicht uns.

«Da ist mein Dad hin!», rief er. «Dann kann auch so ein olles Schaf da runter! Wenn ich will, treib ich sie alle rüber! Alle, allesamt! Meine Mum und eure Mum und alle Familien auf der ganzen Welt. Sollen sie doch alle da runter auf den Fels!» Er weinte, und er haute immerzu, immerzu seinen Stock auf die Erde.

«Ich hab's gesehen», sagte er. «Er dachte, ich krieg es nicht mit. Aber ich hab ihn dort auf den Felsen mit dem Blut klatschen sehen ... also sollt ihr es gefälligst auch sehen!» Er brüllte und weinte und haute mit seinem dicken Stock, aber wir waren jetzt weg von der Kante, und Tante Pammy kam schon hinter uns angerannt und zerrte uns alle zurück auf die Weide, obwohl er weiter brüllte und weinte ... Selbst als sie ihn in die Arme schloss, brüllte er weiter in die weiche, warme graue Luft, die wie Himmel ohne das kleinste bisschen Sonne war, und die Schafe hinter uns wieder ruhig, und dann, als Tante Pammy ihn fester und fester drückte, in ihren Armen immer fester, wurde er zum kleinen Jungen, der nicht mehr brüllte, sondern nur noch weinte: «Ich hab ihn gesehen, und das ist nicht fair», sagte er zu ihr, jetzt nur noch zu ihr, während sie ihn an sich drückte, «nicht fair, dass nur ich das war.»

Drecksbett

Mein Vetter Bill liebte Tiere, aber er tötete sie auch. Das gehöre zum Leben auf einem Bauernhof, sagte er. Man habe Haustiere und liebe sie, wäre sie aber schnell wieder los. Das kleine Osterlamm etwa; wir machten ihm einen Blumenkranz, aber Bills Vater schlitzte ihm trotzdem die Kehle auf, und die ganzen grauen Kätzchen, die Aisla und ich gefüttert hatten, packte Bill mir nichts dir nichts in einen großen Kartoffelsack und warf ihn in den Fluss, da, wo es tief war, am Wasserfall, da könnten die Kätzchen nie im Leben rausklettern.

So was alles gab es in den Sommermonaten, wenn wir zum Hof hochfuhren. Da gab es immer was Kleines, Kaninchen in einem Verschlag oder die niedlichen Kätzchen zum Beispiel, und irgendwann waren sie eben nicht mehr da. So ähnlich, denke ich, war Bills Vater den einen Sommer noch da und im nächsten nicht. Es war eben das Landleben, Leben auf dem Land – so sah das meine Mutter. Obwohl sie dazu nicht viel zu sagen hatte. Sie war ein Stadtmensch, dort ging sie ihrer Arbeit nach, und es waren ich und Aisla, die sich mit den Landsachen auskannten, wegen Bill und Tante Pammy und Onkel Robbie, als er noch da war. Und da sollten meine Mum und Tante Pammy Schwestern sein? Sie waren ziemlich verschieden, echt wahr. Meine Mum konnte nichts von dem, was Tante Pammy konnte.

Als Bills Dad nicht mehr da war, wurden keine Tiere mehr getötet, obwohl Bill es nach wie vor mit den Messern und Steinen hatte, aber da hielten sie schon keine Kälber und Schafe mehr, keine Hühner und Gänse. Er half Tante Pammy, den letzten Hühnern die Hälse umzudrehen, das sah ich ihn mit eigenen Augen in der ersten Ferienwoche tun. Und die Hunde, die keine Arbeit mehr hatten ... Neddy, der Bills Dad auf dem Hof geholfen hatte, erschoss sie alle der Reihe nach, und auch dabei wollte Bill helfen, aber das war anders als das Töten früher, als Onkel Robbie noch da war. Die Hunde waren nämlich nicht wie die anderen Tiere, denn Hunde hatte sich Bills Dad immer gehalten, sie am Leben gehalten. Sie hatten Junge bekommen, die erwachsen wurden und entweder auch für die Arbeit gebraucht wurden oder sie wurden von Bills Dad verkauft oder verschenkt. Aber die waren jetzt auch alle einfach weg. Neddy holte sie der Reihe nach in die Scheune, und Bill durfte das große Gewehr dann doch nicht benutzen, weil er zu jung war. «Außerdem», sagte Neddy zu uns Kindern, «würde es mir das Herz brechen, Robbies Jungen das tun zu sehen. Wie es mir das Herz bricht, es überhaupt tun zu müssen.»

Neddy musste sich nämlich einen Job in der Stadt suchen, weil der Hof an einen anderen Bauern zurück-fiel und es für ihn, als erst die Hunde erschossen waren, nichts mehr zu tun gab. Und doch fand ich, dass eine Zeit lang alles beim Alten blieb, auch wenn Bills Dad nicht mehr da war und die Tiere weg. Schließlich verbrach-ten Ailsa und ich dort die Ferien wie sonst auch, mehr oder weniger, fand ich damals jedenfalls, und es war wie immer, dieselben Weiden und das Meer unterhalb der Klippe und das Haus wie immer.

Aber irgendwas hatte sich doch geändert. Weil Onkel Robbie nicht da war – aber nicht etwa, weil er nicht mehr zur Tür hereinspaziert kam oder weil uns etwa fehlte, was er gemacht und gesagt hatte. Eher, weil es keine Sauerei mehr gab, wie es sie gegeben hatte, als er noch lebte, mit dem Blut und dem vielen Töten. Keinen Dreck mehr, den er an den Stiefeln durchs Haus schleppte, das ganze Zeug, das er vom Gelände draußen, von den kalten Weiden an den Klippen oder von seinen einsamen Bergwanderun-gen hereinschleppte.

Und Tante Pammy schien eigentlich, als Onkel Robbie fort war, ganz froh, dass es den Mann, mit dem sie ver-heiratet war, nicht mehr gab und nicht so viel Dreck, fand ich oder will damit sagen, es fiel mir auf. Im Haus standen keine Riesenstiefel mehr in der Diele herum, lagen keine Waffen oder mit Tierresten verschmierte Messer auf der Bank, keine ausgenommenen Fische in der Spülküche im Becken ... Stattdessen stellte Tante Pammy Blumen in Vasen und gab es saubere, leere Zimmer. Und auch anderes, etwa den Welpen, der vom letzten Wurf noch übrig war, nachdem Neddy die Mutter erschossen hatte, und der ins Haus durfte und dem Tante Pammy in der Küche, wo es schön warm war, ein Körbchen zurechtmachte, und manchmal sah ich sie sich bücken und ihn streicheln und ganz leise und sanft mit ihm reden.

«Mum wird fein», sagte Bill dazu bloß, wenn ich fragte, was er von alledem hielt. Vielleicht, weil er ein Junge war und jetzt, ohne Dad, Halbwaise. Tante Pammy wurde jedenfalls zu einer, die manchmal Kleider trug, und ich sah sie auch gelegentlich Lippenstift auftragen und Parfüm, und sie ging aus dem Haus, ohne irgendwem zu sagen, was sie vorhatte, ging einfach hinaus in einen weiten Sommerabend, wenn es gar nicht mehr dunkel wurde ... Vielleicht war es hart für ihn, das zu sehen.

Ach, Bill, was ging wohl in deinem Kopf vor? Dort auf deinem Zimmer mit den Bergen von Spielzeug, den Kisten voller Autos und Sachen vom Hof und Klamotten und Zeichnungen, wo du nun bei geschlossener Tür schliefst, obwohl du sie doch früher, als du klein warst, offen gelassen hast, damit Onkel Robbie hereinschauen konnte, in den Hofsocken, die er tagsüber getragen hatte, und dem alten Pullover, den er immer anhatte. Dann saß er dort bei dir auf dem Bett und sagte Gute Nacht, und die Tür zum Flur blieb offen. Jetzt bleibt sie zu. Also hast du vielleicht einfach nicht mitgekriegt, was ich mitkriegte, was vielleicht nur ein Mädchen mitkriegt, nur dass meine Schwester damals zu klein war, was zu merken ...

Jedenfalls war es mit dem Töten von vorher endgültig vorbei. Und zwar nicht nur der Sauerei von dem vielen Blut ... sondern mit dem Wissen darum, der dunklen Seite des Bauernhofs, die Onkel Robbie stets mit hereinschleppte, mit der er bei seinem Sohn saß und Gute Nacht sagte. Jetzt gab es nur noch einen Jungen und einen Vater, der nicht mehr da war. Und während ich geglaubt hatte, dass Tante Pammy traurig sein würde, weil Onkel Robbie nicht mehr da war und der Hof nicht mehr ihnen gehörte und die Tiere weg waren, ließ sie vielmehr den Welpen im Haus herumtappen und gab es auch ein Junges von der Katze im Geräteschuppen und zwang sie Bill nicht, es mit seinen Brüdern und Schwestern in einen Kartoffelsack zu packen.

Sie ließ stattdessen viel herein. Sie ließ es herein, ließ es zu – hätte sie vielleicht gesagt –, wie Onkel Robbie früher auf dem Hof nichts zugelassen hatte. Denn jetzt war es ein Haus, nicht mehr Onkel Robbies Bauernhof, und als ich sie eines Abends wieder vor dem Spiegel Lippenstift auftragen und sich zulächeln, ihr Spiegelbild anlächeln sah ... da wusste ich, was Bill auf seinem Zimmer inmitten seiner ganzen Sachen vielleicht nie wissen würde. Trotz des ordentlichen Hauses und der weit für die Sommernacht geöffneten Tür. Selbst wenn ich ihm erzählt hätte, was ich unten am Strand gesehen hatte, während er bei geschlossener Tür auf seinem Zimmer lag, mit dem Pullover seines Vaters bei sich dort im Dunkeln.

Aber würde ich es ihm erzählen? Jemals? Dass der

Mann, der sich in jenem Sommer im Dorf herumtrieb, ein Besucher aus der Stadt, glaubte Bill, der oft am Strand anzutreffen war, einfach auf einem Felsen saß oder herumspazierte und Steine ditschte, mich eines Abends, als ich Tante Pammy zur offenen Tür hinaus gefolgt und selbst losgegangen war, gefragt hatte: «Hast du deine Tante gesehen?», worauf ich mich umgesehen hatte, und da stand sie, direkt hinter mir. In ihrem hübschen Kleid, mit nackten braunen Armen und offenem Haar und einem Lächeln wie vor dem Spiegel. Und da war ich weggelaufen, ohne ihm zu antworten oder auch nur Hallo zu sagen, war den Hang wieder hinaufgestürmt, zu Bill zurück, ohne ihm allerdings davon zu erzählen, auch damals nicht, obwohl ich es hätte tun können, weil im Haus etwas war, was auch ihm bekannt vorgekommen sein könnte.

Was du, Bill, wenn du, wäre es dir möglich gewesen, die Augen aufgemacht hättest, auch erkannt hättest – und was nichts damit zu tun hatte, dass das Haus so ordentlich war, die Fußböden gefegt und sauber. Und nichts mit dem Duft und dem Lippenstift in Tante Pammys Zimmer – sondern damit, dass in ihrem Bett, wenn man es aufschlug und nachsah, etwas Dunkles war, Dreck, glaubte ich, von ihren Körpern und ihren Beinen, weil sie nämlich, wie ich es gesehen hatte, als ich an jenem Abend auf dem Hang noch mal kehrtmachte und an den Strand hinunterging, zusammen waren, deine Mutter und der Mann. Dann hättest du vielleicht, hätte ich es dir in ihrem Bett zeigen können, auch begriffen, dass das, was sie trieb, deine Mutter, dort draußen in der offenen Nacht, an der vielen weiten Luft, was sie in ihr Bett mitschleppte

und auf ihren weißen Laken hinterließ ... auch eine Sauerei war, eine andere Art von Töten. Solange du mich aber
nicht fragtest, wo deine Mutter an den Abenden damals
hinging, als dein Vater nicht mehr da war ... Solange du
nicht fragtest, würde ich es dir nie erzählen müssen.

Der Geist

Meine Schwester Ailsa redete nicht viel. Wollte sie nicht.
Das lag daran, dass sie stattdessen zuhörte – und sie beobachtete. Sie sah viel, und ihr fiel viel auf, aber sie brauchte
nicht zu sagen: «Das und das hab ich gesehen.» Sie behielt es für sich.

Das war, als wir die Sommer in den Highlands bei
unserem Vetter Bill verbrachten und meine Schwester
noch klein war. Sie folgte mir überallhin, ganz gleich,
was ich machte, und sie ahmte auch Bill nach, wollte einfach immer machen, was wir machten. Rauslaufen auf
die Weiden, zum Beispiel, um Babykaninchen zu suchen,
aber gefangen haben wir nie eins. Oder heimlich mit fri-
schem Gebäck von Tante Pam Picknicks zu veranstalten,
für die wir die Stelle suchten, von der Bill sagte, dort wäre
er früher mit seinem Dad gewesen, wenn sie auf Hirsch-
jagd gingen, als sein Dad noch lebte und sein Gewehr
dabeihatte.

Sie wären tagelang unterwegs gewesen, sagte Bill. Er
erzählte immerzu alle möglichen Geschichten von seinem Vater. Wie sein Vater ihm beigebracht hätte, in den
Bergen zu biwakieren und die Nacht unter einem Baum
zu verbringen, weil es dort geschützt war. Wie sie ein

Lagerfeuer gemacht und ein Zelt aufgebaut und darin bis zum Morgen geschlafen hätten, aber sein Vater wäre im Dunkeln noch einmal aufgestanden, um einen Schuss aus dem Gewehr abzugeben und alle zu verscheuchen, die ihnen zu nahe kommen könnten. Das war natürlich alles erfunden.

Das sage ich heute – «natürlich» –, aber das liegt daran, dass ich immer die Älteste war. Älter als Bill, auch wenn er so erwachsen tat und sechs Jahre älter war als meine Schwester, die, wie gesagt, noch klein war. Und «natürlich» schreibe ich, weil ich heute weiß, aber auch damals schon wusste, denke ich, dass mein Vetter Geschichten erzählte, dass ihm eben nur seine Geschichten blieben. Waren es also für mich damals schon Lügengeschichten? Weit entfernt von der Wahrheit? Darauf weiß ich, rückblickend, keine Antwort. Halb, könnte ich vielleicht sagen. Halb wusste ich, dass Bill nie in der Weise Zeit mit Onkel Robbie hatte verbringen können, dass Onkel Robbie gestorben war, bevor er Bill überhaupt irgendwohin hätte mitnehmen und irgendwas von dem hätte tun können, was Bill erzählte – und halb war ich bereit, die Geschichten zu schlucken, gläubig zu sein. So war ich in jenen Sommern. Die Art Kusine, die «Ja» sagte, wenn Bill mich fragte, ob ich ihm glaube. Die sagte «Ich glaub's dir», wenn er sagte, sein Vater sei ermordet worden von einem fiesen Bauern, der ihn erstochen oder vergiftet oder aufgeknüpft hätte. Oder dass ein anderer seinen Vater gestoßen und ihn aber vorher noch ausgeraubt und das Ganze dann geleugnet hätte, weil er neidisch war. Weil sein Vater so stark und so schlau war, sagte Bill, dass niemand es wagte, sein Freund zu sein. Ob ich glaubte? An den Vater, der vor allen anderen ihn geliebt habe? «Ja», sagte ich. Immer, zu allem. «Ja. Ja. Ja.»

Und Ailsa, die beobachtete und hörte zu. Wo doch Bills Dad wirklich und wahrhaft tot war, eines Abends spät von der Klippe in den Abgrund auf den Felsen getrieben, nur sprachen die Erwachsenen nicht darüber. Also blieben uns nur Bills Geschichten, grundanders als die wahre Geschichte, nämlich dass sein Vater ein Versager gewesen war und sein ganzes Geld verloren hatte und überhaupt nicht für seine Familie sorgen konnte ... nur diese ganz anderen Geschichten, die immer happiger und aufregender wurden, Geschichten, die sich ständig veränderten. Etwa mit dem Gift. Oder dem Aufknüpfen. Oder zu behaupten, das Motorrad, das sein Vater fuhr, wäre eine Rennmaschine gewesen, nicht sein eigenes, und an der hätte wer rumgedoktert, wie bei James Bond oder in einem ähnlichen Film, sodass er die Kontrolle verlor. Oder wie Bill und sein Dad eines Abends spät unterwegs gewesen wären und ein Hubschrauber landete und seinen Vater mitnahm.

Meine Schwester hörte zu und sagte nicht viel. Wenn Bill ihr erzählte, wie er und Onkel Robbie sich mal im Schnee verirrt hätten und Tante Pam das ganze Dorf losschickte, sie zu suchen. Oder dass ein Hirschbock seinen Dad angegriffen hätte und er ihn hätte niederringen müssen und dass ihm das Geweih die Arme bis auf die Knochen aufgeschlitzt hätte.

«Was sagt ihr dazu, hä?», meinte Bill. «Was sagt ihr dazu, wie taff und stark mein Dad und ich waren?»

«Das ist gut», sagte ich.

Doch Aisla sah ihn nur an, ohne ein Wort zu sagen.

Wenn ich jetzt beim Schreiben zurückdenke ... sehe ich, dass die Geschichten meines Vetters lang vor dem besagten Sommer angefangen haben mussten. Jahrelang verbrachten wir die Ferien dort in dem Haus, in dem Tante Pam und Bill und einst Onkel Robbie ganz oben in Schottland lebten. Jedes Jahr fuhren meine Schwester und ich im Juli dorthin, während unsere Mutter in der Stadt bleiben und arbeiten musste. Wir waren es gewohnt ... wir waren Bills Geschichten gewohnt. Versteht ihr, wir kannten alles dort auf dem Bauernhof, wo mein Vetter lebte, so gut, das Haus und die Weiden und die Berge ... Alles daran ... war uns vertraut. Auch, als alles sich veränderte und das Haus uns anders vorkam und der Hof auch, weil er Bills Familie weggenommen wurde und nicht mehr ihr Hof war und, wie sich herausstellte – aber das ist eine andere Geschichte und gehört hier nicht her –, nie ihrer gewesen war.

Ganz sicher gab es nicht mehr das Gefühl, uns überall auf den Weiden herumtreiben zu können wie früher – jetzt, wo die Tiere weg waren und das Land von einem anderen für seinen Hof und seine Familie genutzt werden sollte. Also verbrachten wir mehr Zeit drinnen. Und überlegten vielleicht mehr. Erfanden andere, neue Spiele. Und dann fing Tante Pammy irgendwann an, alle ihre Sachen in Kartons zu packen, das Haus war schon halb leer, sie und Bill standen kurz davor wegzuziehen. «Von den Erinnerungen», sagte mir Tante Pammy. «Euch Mädchen kann ich das ja verraten», sagte sie. «Aber Bill kann ich das nicht sagen.» Sie hatte uns ins Bett gebracht, Bill war schon auf seinem Zimmer, seine Tür zu. Tante Pammy saß bei mir auf dem Bett, und mich umgab ihr köstlicher Duft, der dünne Baumwollstoff ihres hübschen Kleids. «Es fällt Bill schwer, ohne seinen Dad hier zu sein», sagte sie zu Ailsa und mir. «Deshalb müssen wir weg. Ihr Mädchen versteht das eher als mein armer kleiner Junge.»

Selbst jetzt sagte Ailsa kein Wort, aber sie nickte immerhin. Sie verstand es wirklich. Besser als Bill, der fast zehn war. «Weil», sagte sie zu mir, «sie von seinem Geist wegmüssen.»

Genau das sagte sie. Wortwörtlich. Und wenn meine Schwester sprach, horchtest du auf, hörtest du zu, weil meine Schwester, wie ich schon sagte, nun ... meist behielt sie ihre Gedanken für sich. An diesem Abend aber, obwohl es spät war und Tante Pam schon da gewesen war und Gute Nacht gesagt hatte und wieder gegangen war und ich einfach im Bett lag und sich draußen vor dem Fenster Berge vor einem grünlichen Himmel abhoben, es also noch nicht dunkel war, nicht richtig, eher als wollte es dunkeln, so eben, wie dunkel damals vor langer Zeit in den langen Sommernächten dort oben im Norden war ... als wollte es dunkeln ..., setzte sich Aisla im Bett auf und erzählte mir, was sie gesehen hatte.

Den Geist von Bills Dad, sagte sie. Der sei im Haus.

«Er ist im alten Schlafzimmer», sagte Aisla. Das war gruselig. Das Zimmer, in dem Tante Pam und Onkel Robbie früher geschlafen hatten. «Er ist da drin, und Bill weiß es. Der ist drin gewesen, und der hat ihn auch gesehen.» Sie saß in ihrem weißen Nachthemd sehr aufrecht im Bett, das blonde Haar wie bei einer bösen kleinen Fee ganz wirr. Irgendwie seltsam und wunderlich geworden von einem gruseligen Anblick.

«Der Geist ist auch jetzt da», flüsterte sie. «Ich kann ihn dir zeigen. Manchmal geht er zu Bill ins Zimmer. Ich kann ihn dort hören.»

Das alles ... sage ich. Schreibe ich. Aus dem Schweigen meiner Schwester kamen plötzlich Worte. Sie wusste. Sie sagte. Dass der Geist dort immer gewesen sei, deshalb kenne Bill doch die Geschichten. Weil der Geist sie ihm vorsage, sein Vater sie ihm vorsage. Der Geist sei fast schon so lange bei Bill, wie er denken könne, sagte sie, verrate ihm Dinge, spreche von Abenteuern, bringe sie ihm bei. Ailsa hatte überall hingehört, hatte gesehen und irgendwie verstanden, was ich mich nicht zu glauben traute, obwohl ich genau wusste, dass sie ganz sicher nicht log – also ... bat ich sie, ihn mir zu zeigen, mich hinzubringen, damit ich ihn mit eigenen Augen sehen könnte, den Mann, der mal mit der Schwester meiner Mutter verheiratet gewesen war, Vater ihres Kindes, den doch keiner wirklich gekannt zu haben schien. Ich wusste, dass ich nicht mehr würde schlafen können, nicht einmal die Augen schließen, bis ich irgendwie einen Beweis hätte, dahintergekommen wäre, trotz der Angst und des Gefühls, nicht mehr schlucken zu können, während mein Herz groß und zum Platzen voll geworden war, als müsste ich jemand von den Großen davon erzählen, aber da gab es niemand.

Also stiegen wir leise aus dem Bett, Ailsa und ich. Sie nahm meine Hand und ging voraus ins Dunkel, das nicht dunkel war, aber still und voller tief dunkelgrüner Schatten. Als wäre Ailsa die große Schwester und ich die, die folgte. Jedenfalls gingen wir bis in Tante Pams und Onkel Robbies altes Zimmer, wo sie früher zusammen geschlafen hatten, vielleicht, in dem großen alten Bett, das der Mutter von Onkel Robbie gehört und das sie Tante Pam zur Hochzeit geschenkt hatte. Es stand dort in dem Zimmer, dieses riesengroße Bett, mit den anderen dazugehörigen Möbeln drum herum, der Kommode und dem Kasten, dem Schrank in der Ecke – und die Schranktür ein Spaltbreit offen. Sie bewegte sich.

Ailsa umklammerte meine Hand. «Da!», flüsterte sie und zeigte hin. Die Tür öffnete sich noch weiter, knarrte, und im Innern sah ich, tatsächlich, die Gestalt eines Mannes, die alte Tweedgestalt eines Mannes namens Onkel Robbie. Er stand mit dem Rücken zu uns da und murmelte etwas, er sprach die leisen Worte, die ein Geist sagen muss.

Im Zimmer verfinsterte sich Grün zu ganz dunklem Grau, als wären wir dort in einem Sarg, das Fenster fast schwarz und nur einen Fingerbreit offen, um Luft reinzulassen, aber alles staubig und eng und still – abgesehen von der knarrenden Schranktür, die sich ein bisschen bewegte und dem Spuk darin, der Selbstgespräche führte, dem Tweedanzug, getragen von Onkel Robbie.

«Pscht», machte Aisla. «Pscht. Wir tun dir nichts.»

Der Anzug könnte sein Lieblingsanzug gewesen sein. Es könnte der Anzug gewesen sein, den er zu der Zeit trug, als er noch ein Vater war, der Zeit, an die ich mich nicht erinnerte. Als er ein verheirateter Mann gewesen war, einen Bauernhof gehabt und dort mit seiner Frau, der Schwester meiner Mutter, und ihrem kleinen Jungen gelebt hatte. Bevor er allein loszog, bevor er loszog und sie für immer verließ, in den Abgrund am Ende der Weide steuerte, und alle wussten, was er getan hatte, er ganz allein, absichtlich, das war die wahre Geschichte ... Vor alledem hatte es den Anzug gegeben, den Onkel Robbie trug, wenn er Vieh verkaufte oder wenn er mit den anderen Männern, den Bauern, auf die Landwirtschaftsmesse fuhr oder die Highland Show, den schweren Tweedanzug, den er jetzt trug, um uns heimzusuchen.

«Das ist er», flüsterte Ailsa, und in dem Moment, ich erinnere mich an das Gefühl noch genau, war es, als würde ein Zauberbann brechen. *Das ist er.* Kaum waren die Worte heraus, machte ich einen Schritt auf den Schrank zu, um ihn mir anzusehen ... *ihn.*

Gar nicht Onkel Robbie. Nicht er von damals. Bloß sein weggehängter Anzug, mehr war es nicht. Bloß Stoff an einem Bügel, dicker, warmer Tweed, aber kein Körper darin, ihn zu tragen. Kein Mann. Kein Geist. Ich trat näher, und noch näher, bis direkt davor, um ihn zu berühren. Die Ärmel überzustreifen. Und während Ailsa am anderen Ende des Zimmers blieb, erkannte ich – indem ich den Anzug berührte, denn berührt habe ich ihn, den Überrest meines Onkels –, wie dünn er war und nicht da, wie dort gar nichts war.

Doch das Murmeln ging weiter. Obwohl ich inzwischen die Arme in den leeren Armen hatte, das Jackett an mich presste wie eine eingefallene, flatternde Brust, in der nie ein Körper oder ein Herz gewesen waren ... hörte ich noch ein Weitermurmeln. Geheimnisse. Geschichten. Was ich für das leise Selbstgespräch eines Geists gehalten hatte, meinen Onkel, der seine ganzen Geheimnisse hergab, warum er seine Familie auf die Art verlassen hatte, sein eigenes Kind ... seine ganzen Geheimnisse ... sein ganzes leises Gerede im grauen, dämmernden Zimmer, ein leises Brummeln, Gerede, Gemurmel, nur das war noch von ihm übrig, von Onkel Robbie, von seinem schlimmen verlogenen Geist ...

Da wusste ich, das kam alles aus dem Zimmer meines Vetters. Das war die Stimme. Bill im Bett mit dem alten Pullover seines Dads, mit dem er von klein auf Abend für Abend einschlief. Was ich hörte, war Bill, der mit seinem Dad redete – der sich die Geschichten ausdachte, die er Ailsa und mir morgen erzählen würde, mit denen er die Leere, den langen Tag füllen würde. «Mein Dad hat gesagt», «Mein Dad und ich», «Mein Dad hat mir erzählt» und «Mein Dad will» ... Viele Worte, um die Leere zu füllen, um die Geschichten wahr zu machen, sie sich vorzuflüstern, allein in der Nacht, die nicht mehr von Grün in Grau überging, sondern in Schwarz.

«Siehst du?», flüsterte Ailsa, als ich zu ihr dort an der Tür zurückkehrte, aber ich war jetzt wieder die große Schwester, nahm ihre Hand und führte sie zurück in unser Zimmer. Vorbei an Bills geschlossener Schlafzimmertür, hinter der das leise Murmeln zu hören war.

«Siehst du?», wiederholte Ailsa, als wir an der Tür vorbeigingen, und sie packte meine Hand fester.

«Pscht», machte jetzt ich. Wollte sie nichts sagen hören. Es war genug gesagt. Genug mit den Worten. Mit den Geschichten und Lügen. Mit der Behauptung, jemand wäre ein Held, wenn er sich doch umgebracht hatte und keineswegs auf die vielen anderen Arten umgekommen war, die man aus Filmen kannte, sondern er ganz allein war es gewesen, weil er das mehr wollte als anderes, weil er sich eben so entschieden, so geplant hatte, seine Familie zu verlassen, allein. Sie ohne ihn sich selbst zu überlassen.

«Pscht», machte ich noch mal – aber nicht, um sie zum Schweigen zu bringen. Denn in gewisser Weise hatte Ailsa das alles ja nicht erfunden, das mit Onkel Robbie und was sie gesehen hatte. Es war wahr. Was sie dachte. Was sie wusste. Dass er in diesem Haus wie ein Geist war, dieser Mann. Sein Anzug noch am Bügel, aber leer. Und nur, wie ein geborgener Körper, ein Pullover im Bett eines kleinen Jungen.

Der Caravan

War abgestellt. Da in einer Parkbucht an der alten Nord-Süd-Fernstraße im äußersten Westen des Landes. Und O, war es kalt dort. Die See ging hoch. Türkisfarben jetzt im Winter – der Zeit, in der die elf Tage dieser Geschichte sich abspielen, und dies war der elfte Tag.

Und der Caravan gar nicht so alt, aber dem Aussehen nach verlassen. Womit ich meine, «ramponiert». Verrostet, oder nicht direkt verrostet, sondern mit einem Anschein von Rost. Einem *Anflug*. Das viele Salzwasser, vielleicht. Das viele kalte Seewetter. Durch das Fenster war ein Stein geflogen, die Tür, halb aus den Angeln gerissen, schlug, wenn der Wind wehte, und ja, der Wind wehte. Im Caravan war es dunkel und wüst und klamm. Es lagen Glasscherben herum, auf dem Tisch ein klatschnasses Tuch, ein paar Spielkarten. Es war, wohlgemerkt, der elfte Tag.

Am zehnten Tag stand der Caravan an einer ruhigen See. Dort in der Parkbucht unter einem blassblauen winterlichen Himmel. Der Kies, auf dem er abgestellt war, war nass, in den Schlaglöchern Pfützen. Der Caravan aufgebockt, als stünde er dort seit Jahren, so sah es jedenfalls aus, seit Jahren. *Jahren?* Ja, sag ich doch, sah ganz so aus. Dem Anschein nach jedenfalls seit Jahren. Fester Bestandteil der Landschaft, würde vielleicht einer aus der Gegend sagen, der die einsamen Straßen und Strände kannte, die niemand aufsuchte, das Meer, in dem niemand badete. «Der Caravan steht da, solang ich denken kann», könnte so jemand sagen. Tatsächlich? O ja. Solang ich es wissen kann.

Denn der Caravan – er hat keine Räder, nur die vier Betonblöcke –, der kann nirgends hin. Also ein zweites Zuhause, früher mal. Ein Dauerplatz am Meer. Weiß mit roter Zierleiste – aber nicht neu. Die unerwartete Sonne beschien die Alurahmen des zerschlagenen Fensters, der schiefen Tür. Das war am zehnten Tag.

Am Vortag hatte es heftigen Sturm gegeben. O ungeheuerlich! Beängstigend! O die Wellen waren wie Mauern! Denn sie sind gewaltig, die Stürme drüben im Westen, die alten Westküstenstürme! O gewaltig!

Und der Caravan schauderte, was sonst. Wetterte den Sturm ab. Trotzte dem Wetter, weißt du noch? Wie er zum Fenster hereinkam? Durch die halb offene Tür? Es war, *als ob* Jahre vergingen. Und es goss in Strömen. Und der Wind beutelte das Dach. Die Spielkarten flogen drinnen wild, wild umher. Der Pikbube. Das Ass. Eine rote Sieben. Sie wirbelten und überschlugen sich. Am neunten Tag.

Der achte Tag war einfach nur windig. Aber nicht so wie am Vortag, vielmehr war es an diesem Tag, als wollte der

Wind die Überschläge noch üben. Er fing gerade erst an. Die Felsen kauerten am Strand, sie kauerten. Und die dicken Holzstämme, die von wer weiß woher angespült worden waren ... die lagen auch einfach da, warteten, während der Wind am Strand übte, am Kieselstrand pfiff.

Hui! Wie das Sausen vergehender Jahre.

Nicht, dass jemand da gewesen wäre, es zu hören, wohlgemerkt. O nein. Bloß der Caravan. Am achten Tag. Und drinnen etwas, das rüttelte.

Denn am siebten Tag war ein Tier eingedrungen. Durch das kaputte Fenster, oder war vielleicht durch die Tür geschlüpft, als die von einem plötzlichen Windstoß weit aufgedrückt wurde. Es huschte über den Fußboden und an einem Schrank hoch. Vorräte waren auf dem Boden verstreut, auf der Bank, vom Wetter, vom Wind weit verstreut. Vielleicht hatte genau das überhaupt das Tier angelockt, es dazu gebracht. Und O, du würdest staunen – über die Markennamen auf den Sachen! Den Verpackungen! Edel? O ja! Kleine feine Cracker und Käseportionen. Ein paar silbrige Importdosen. Und alles aus einem Karton in einem kleinen altmodischen Caravan. In einer Parkbucht, wohlgemerkt. An einer Stelle, die man sich kaum vorstellen, geschweige denn unterwegs an einer wirklichen Straße finden kann. Rufe: *Sieh nur!*, als kämen dir die Tränen. Denn es ist ein verwaister Caravan, und doch liegen hier Verpackungen mit Aufschriften wie Fortnum & Mason, Zabar's und Ladurree. Vorsicht, sonst fliegen sie weg, heben ab und landen im endlosen kalten Meer.

Am siebten Tag.

«Vorsicht»,

mag sie zu ihm gesagt haben, als er vorschlug, sie könnten dort noch einmal hinfahren.

«Vorsicht, denn wie soll das enden», hat sie womöglich gesagt. Abgestellt auf immer am kalten, starren Meer. «Vorsicht», hat sie womöglich geflüstert, «wenn wir zum Caravan fahren, kommen wir vielleicht nie wieder weg.»

Und nun ist der sechste Tag, und mitten in der Nacht setzte Regen ein, er stürzte. Und das Tuch, schon vergessen? Auf dem Tisch? Es sog sich voll Wasser, wie ein Verband sich vollsaugt. Das Tischtuch zog Wasser, damit anderes trocken bliebe.

O! O! O!, würde die Frau womöglich gesagt haben, wenn sie es mitgekriegt hätte. «Mein Tischtuch! Verdorben!» Unnötigerweise – denn feucht ist es dort allemal. Allemal. Nass und kalt ist es dort. Und es ist Mitternacht. Und es gibt keinen Mond. Und das Rauschen des Regens im Kies, auf dem Caravandach ... Er stürzt. Er stürzt weiter.

Der Tag zuvor war der fünfte Tag und auch ein ungemein stürmischer, Wind diesmal, nur Wind. Die arme Gardine flatterte am Fenster und riss. Da war nichts zu machen. Die Karten flogen vom Tisch. Es hob sich hier eine. Dort eine. Ein ganzer Packen auf einmal, und doch wild durcheinander. Flatterten ungezählt auf den Boden, über die Bank, den Tisch. Ass. Bube. Rot.

Das war der Tag, an dem die Tür aus der Angel gerissen wurde und nicht mehr ordentlich schloss. Und

O, der Krach, den das womöglich macht! Wie es knallt! Kreischt! Das dünne, dünne Blech!

Als der Wind am Tag zuvor abflaute, ließ sich eine Möwe auf dem Caravandach nieder. Als wäre sie übers Meer dorthin geweht worden. Sonnenlicht spielte über das weiße Federkleid, ließ das Gold im Auge blitzen.

Sie hatten einst gerne Vögel beobachtet, der Mann und die Frau. Sie taten es oft, zusammen am kleinen Tisch. Hörten durchs Caravanfenster ein Riesenspektakel, wenn ganze Schwärme Möwen kreisten und über dem Strand und dem Meer niedergingen.

O! O!

Gaben Laute von sich wie Klagen.

Riefen einander zu, wieder und wieder, in der kalten Luft.

Jetzt war da nur noch eine. Blickte hinaus übers Meer, wo sie hergekommen war. Vielleicht. Hoffte, eine Artgenossin zu entdecken. *Vielleicht.* Auf dass sie ihr zurufen könnte, wie zuvor die anderen gerufen hatten.

Auf dass sie gehört würde.

Der dritte Tag war zum Heulen. Der Tag, an dem die Jungen kamen und das Fenster mit einem Stein einwarfen. An dem sie die Tür zum Caravan aufbrachen und gleich einstiegen. Die Vorräte aus den Kartons zerrten, die edlen Verpackungen studierten.

Und eigentlich gar nicht Tag, sondern spätnachts am dritten Tag, so. Nach viel Alkohol im Pub in der Stadt. Erst Bier, dann Tequila, dann ins Auto und mit kaputten Scheinwerfern über die einsame Straße am Meer rasen. Der Jüngste war's vielleicht, der den Caravan vorbeiblitzen sah, dem er auffiel, *ins Auge fiel*, und der zu den anderen sagte: «Halt! Zurück!», und sie hörten tatsächlich drauf, sie setzten scharf in die Parkbucht zurück und purzelten aus dem Wagen. Näherten sich dem Caravan. Zerschlugen das Fenster. Griffen hinein, um die Tür zu entriegeln, drückten, zwangen sie auf. O yeah!, sagten sie. O wow! Sieh dir das an! Sie drängeln und drücken sich an die engen Wände. Einer wickelt eine hübsche Praline aus, isst sie. Einer pisst in die Ecke, ehe sie wieder gehen.

Dabei war am zweiten Tag alles in dem kleinen Heim noch so ordentlich gewesen. *Vollendet.* Die Gardine vorgezogen. Die Tür fest verschlossen und abgesperrt zum Schutz vor – vor ... Wetterumschwüngen aller Art. Schnee auf den Bergen im Landesinneren. Kaltfront aus Süden von der Schottischen See.

O bleib geschützt, kleines Haus. Bleib standhaft.

Dort so friedlich im Frost funkelnd am frühen Morgen. Des zweiten Tags.

Stehst auf immer bereit.

Und wartest auf ihre Wiederkehr.

Denn das taten sie so furchtbar gern, der Mann und die Frau, denen der Caravan gehörte. Liebend gern kehrten sie wieder, sie waren liebend gern zu ihm wiedergekehrt. Kamen wieder. Stiegen gemeinsam wieder durch die kleine Tür. Und war nicht der erste Tag der ideale Tag, um wiederzukommen? Was Menschen überhaupt dazu treibt, sich einen Caravan zuzulegen, ein kleines zweites Zuhause am Meer? Um freien Blick auf so viel Himmel zu haben? Um eine hohe Wintersonne zu haben mit genügend Kraft, sich zur Mittagszeit an den Sommer erinnert zu fühlen?

«O ja», hatte er zu ihr mit einem Lächeln gesagt und sie sanft vom Beifahrersitz an die weite Luft gezogen. «O ja, siehst du? Erinnerst du dich, wie es hier ist? Wie es für uns ist, hier zu sein?»

Denn es handelt sich schließlich um einen Caravan. Wo so gut sein ist. «Der Caravan, den wir immer geliebt haben. Wo wir zur Ruhe kommen, Liebste. Weißt du noch? Wie gern wir immer hier waren?» Und nahm sie, und das sehr sanft, bei der Hand und führte sie, führte sie ... zur Caravantür.

Und wieder: «Siehst du, Liebste», wiederholt er. «Siehst du? Wie wohl uns hier sein kann? Dir und mir, uns beiden zusammen? An diesem geliebten Ort? An den du dich erinnerst? Du erinnerst dich doch ... siehst du?»

Sah jedoch selbst nicht, und hätte es niemals vorhersehen können – in dem Moment, wo er ihr den Rücken kehrte, nachdem er sie hineingebracht und an den Tisch mit dem hübschen Tischtuch gesetzt hatte, das sie einst für ihn genäht hatte, für ebendiesen Caravan und seinen klitzekleinen Tisch, gesäumt und bestickt ... Hätte niemals ahnen oder vorhersehen können ... als er noch mal zum Wagen hinausging, um den Karton mit den Köstlichkeiten zu holen, den Pralinen von Fortnum's, die sie so schätzte, und den Kaviar von Zabar's, mit dem er ihre Toastscheiben bestrich –, dass sie just in dem Moment, da er ihr dort an dem einsamen Ort die Welt vorsetzen wollte, weg sein würde ...

Aufs Meer zugestürzt, als wäre sie Badeurlauberin! O! Als wäre Sommer und sie gehe baden – O –

Nein!

Als wäre sie Strandurlauberin und wäre Sommer – Nein!

Wo doch dies ein anderes, ein sehr anderes Meer ist.

Da wirft er den Karton hin und stürmt ihr nach, aus dem Caravan hinaus an den leeren Strand – aber sie ist ihm jetzt so weit entwischt, in den paar wenigen Sekunden, dem kurzen Moment, den er sie sich selbst überlassen hat, dass ihm ist, als werde er sie nie wieder einholen, als könnte er es ein Leben lang vergeblich versuchen – denn sie läuft in die Luft, so scheint es, als wäre sie selbst der kalte Wind und die viele kalte Luft ...

O!

O!

Pfeifen, Leere. Am Kieselstrand. Am leeren Meer.

Aber er schafft es. Er erreicht sie noch. Dort im Wasser, knietief mit klatschnassem Rock und Mantel, und er zieht sie zurück ...

Und dort endet – oder beginnt – die Geschichte, mit dem Mann und der Frau am Rande des Meeres, an einem Strand, den niemand je aufsucht, an der Westküste des Landes ... Und das Brausen des Windes – O! – und der Sog der kalten Wellen am Kieselstrand sind die einzigen Geräusche ... Und der Mann setzt seine Frau wieder ins Auto und bringt sie weg.

Der Tag davor enthält nichts. Noch der davor. Noch der davor.

Nur, O! ...

und das Seufzen der Kiesel, wenn die Wellen von dem einsamen Strand zurückfluten ...

O ...

O ...

O ...

O ...

Füchse

Ich kam den Hang herunter und sah, wie dicht sie mich umgaben. Nicht gleich, weil da zuerst nur die Bäume und Blätter und Trampelpfade waren, dann aber konnte ich in den tiefer werdenden Schatten im Unterholz kleine schlanke Gestalten ausmachen, unterwegs zwischen den Ulmen und Eichen und Eschen, jetzt deutlich umrissen als Tiere.

Rückblickend empfinde ich diesen Moment, da sich bei zunehmender Dunkelheit für mich etwas abzeichnete, gar nicht wie Abend, sondern vielmehr wie erstes Licht. Als erlebte ich, während der Sommerhimmel alle Farbe verlor und ich im Zickzack den Hügel hinabwanderte, ohne Orientierung und verwirrt und außerstande, glaubte ich, aus dem Wald je wieder herauszufinden, in Wahrheit eine Art Erleuchtung, eine neue Erkenntnis. *Verstehe* ... entsinne ich mich, eindeutig gedacht zu haben, als die Füchse vor mir auf den Weg huschten und stehen blieben, mich wie Gespenster oder Kinder umringten: *Verstehe.*
Fraglos war es die Stunde, in der alles möglich war.

Ich war oben im Park auf dem Hügel gewesen, dem mit dem hohen schwarzgoldenen Gitter drum herum und den zwei verschnörkelten Toren, durch die man rein- und rauskann. Das Gras dort wird kurz gehalten wie Teppichflor, und mitten im Rasen sitzt wie eine Krone der herrliche goldene Musikpavillon. Wir waren, auf dem Rasen fläzend, wegen einer Freiluftoper da, vor uns wanden sich die Sänger zwischen den schmiedeeisernen Pfeilern hindurch, als erfänden sie einen Tanz. Ein Bäumchen-wechsle-Dich der Liebenden, die Musik zwischen ihnen wie Bänder, die sie zu einer Geschichte woben von unausweichlichem Begehren, von Schicksal: Don Giovanni und seine Frauen. Don Giovanni und seine Höllenfahrt. Es war ein perfekter Frühsommerabend, hoch und blau und goldleuchtend, als müsste es nie dunkel werden, wunderschön, glaube ich. Draußen im Freien zu sitzen, während sich vor uns auf der Bühne dieses fein verschlungene Werk entspann – Sänger mit grell geschminkten Gesichtern und Federn, und, etwas abseits, das winzige quecksilbrige Orchester mit seinen Flöten und Geigen. Wie gesagt, wunderschön, glaube ich. Ich meine, es sah wunderschön aus. Dort im Park, wo mich Andrew so oft hinführte, oben über dem Wald ... Mit Andrew und seinen Freunden auf dem samtenen Rasen, Sekt in langstieligen Gläsern ... Es mag ausgesehen haben, als wäre ich dort genau richtig. Als wäre ich eine von ihnen, diesen jungen Männern und Frauen, zu deren Kreis ich damals zählte. «Freunde» – habe ich sie womöglich genannt, nur waren es Andrews Freunde – wandten sich einander zu und flüsterten auf familiäre, wissende Art miteinander, verbunden, wie die Sänger an die Musik gebunden waren, die sie umwand und auf die Bühne zog ...

«Ähnelt der Sopran da rechts nicht sehr dem Mädchen, mit dem du früher zusammen warst?», meinte irgendwer. An Andrew gewandt mit einem vielsagenden Blick auf mich.

«Sei nicht so garstig», flüsterte wer anderes. «Sie war schrecklich, die Kleine. Niemand konnte sie leiden.»

«Tuschelt nicht», flüsterte wieder eine andere. «Das gehört sich fürs Publikum nicht.»

«Ja, aber wir reden über, wie hieß sie noch gleich, Andrews einstige Flamme.»

Bemerkungen dieser Art, versteht ihr, Vertraulichkeiten von Eingeweihten. «Wie könnt ihr nur», sagte ich, «in meinem Beisein so reden», sagte ich ...» Als kennte ich sie gut, sei mit Andrews Freunden schon sehr lange befreundet, obwohl ich ihn selbst kaum ein halbes Jahr kannte, und doch hatten er und seine Leute ... sie hatten mich in ihren Kreis aufgenommen. Also traut – ja, das trifft unsere Sekt schlürfende Runde dort auf den Picknickdecken ganz gut. Es ähnelt einem Wort, das mir an jenem Abend ins Ohr geflüstert und mich betört haben könnte, mich einwickelte und für immer binden würde.

Denn es war der Abend, an dem wir unseren Freunden nach Andrews Wunsch eröffnen wollten, dass wir vorhätten zu heiraten, dass er mich gefragt und ich Ja gesagt hätte. Ein paar Tage lang sei es noch unser kostbares Geheimnis gewesen, sagte er, das Wissen um das, was er für uns vorsah, aber nun sei es an der Zeit, es denen, die ihm am nächsten stünden, zu verkünden – noch vor seinen Eltern oder anderen aus seiner Familie. Bevor die alles «an sich rissen», war Andrews Formulierung. Denn seine Familie sei so, das beteuerte er immer wieder. Eine Familie, die alles «an sich riss», veränderte, sich einmischte. Eine Familie, die entschlussfreudig war, in der alle immerzu laut waren und wurden, und die das Erforderliche veranlasste, wenn ihnen danach war. Eine Familie, die mir das Gefühl gab, keinen Ton zu sagen zu haben.

«Meine Mutter wird alles an sich reißen», hatte Andrew mir gesagt, und ich hatte gelacht und ihn geküsst, verspürte dabei aber einen kleinen Stich, ein Reißen irgendwo tief im Innern, wo du warst, mein Herz, wo du gerade begannst. Hätte ich über mich nur das Geringste gewusst, ich hätte mich damals abkehren müssen, von Andrew, dem armen Andrew ... Aber was wusste ich schon. Ich wusste nur um dieses eine Geheimnis mit Sicherheit, das Geheimnis, von dem Andrew nichts ahnte, das Zelle für Zelle im Dunkeln in mir wuchs. Und noch während ich hochgriff und ihn küsste und den Stich verspürte, wusste ich auch dies mit Sicherheit: dass ich dieses eine Geheimnis niemals verraten durfte.

Aber vorerst gab es nun diesen Plan, er und ich im Park mit den Freunden und Picknickdecken. Hingebreitet auf den Rasen unterhalb des goldenen Musikpavillons. Es würde Sekt geben, Sekt, dann würden wir den Hügel hinabwandern und bei uns zu Hause zusammen zu Abend essen, und Andrew würde das mit der Hochzeit verkünden, und selbstverständlich würden sie alle kommen, wären sie alle dabei ...

Ich aber sollte früher aufbrechen, das gehörte mit zu dem Plan. Vorgehen, alles vorbereiten ... so Andrew – ich solle schon mal vorgehen und alles herrichten, und das hatte ich auch vorgehabt auf meine üblich bange Art, rasch heimzulaufen, die Abkürzung zu nehmen, die Andrew und ich so gut kannten, um daheim für sie alle rechtzeitig den Grill anzuwerfen und die Salate und Speisen anzurichten, weiteren Sekt in den Eiskübel zu stellen, die Gläser auf den Tisch, sodass Andrew sagen könnte: «Es gibt Neuigkeiten!» Ich lief also los durch den Wald. Verließ sie, unmittelbar bevor Don Giovanni seine Liebschaften aufzählt und zur Hölle fährt. Keine zehn Minuten, glaubte ich, brauchte es, zehn Minuten für den Trampelpfad durch die Bäume bis zur Straße und auf der anderen Seite wieder hinauf zu uns, um rechtzeitig vor ihnen da zu sein und Andrew und die Freunde dann bei herrlich im Freien gedeckter Tafel und Kerzenschein empfangen zu können.

Aber es war doch nicht mehr ganz der mir so endlos erscheinende Sommernachmittag. Es war später, als ich dachte, vom Himmel schwand längst das Licht, als ich auf halber Strecke vom Weg abkam. Irgendwie war ich falsch abgebogen, und dann noch mal, hatte völlig die Orientierung verloren, lief schneller und schneller hierhin und dorthin, ohne weiterzukommen, schlug erst den einen, dann den anderen Weg ein, voller Angst, wo ich bloß gelandet war ...

Und da wurde ich mir der Bewegung voraus zwischen den Bäumen bewusst, hielt sie für flackernde Schatten, ehe ich sah, dass Füchse vorbeihuschten, und als ich langsamer ging, hielten auch sie inne, lösten sich aus dem verschatteten Dickicht und kamen näher, schlank und wild, kein bisschen ängstlich.

Wenn du größer bist, erzähle ich dir die Geschichte.

Wie du entstanden bist. Und warum wir leben, wie wir es tun, du und ich, ganz für uns mit unseren Geheimnissen in unserer eigenen Welt, und keiner weiß und wird womöglich je von uns wissen. Denn als ich an jenem Abend den Wald durchquert hatte, war alles anders. *Verstehe* ... Es würde keine Hochzeitsankündigung geben. Kein Anstoßen mit Sekt. Keinen Klinikaufenthalt, wie es ihn sonst mit Sicherheit gegeben hätte, denn Andrews Mutter hätte alles «an sich gerissen», bevor an die Hochzeit ihres einzigen Sohnes überhaupt nur zu denken gewesen wäre, hätte mir dich, mein Herz, mit Sicherheit entrissen ...

Denn irgendetwas an den huschenden Gestalten in der Abenddämmerung, Blut und Bein, änderte alles, ihr unverwandt auf mir ruhender Blick, magisch, feenhaft ... Dabei war natürlich ich selbst unwirklich. Das verstehe ich jetzt. Dort so in Eile zwischen den Bäumen, wo ich den Weg doch zu kennen glaubte, zwischen Straße und Park, der Wildes enthielt, hatte ich mich verirrt, irrte eine Zeit lang ohne Ziel herum, bis ich schließlich begriff, dass ich keineswegs irrte.

Denn ich habe natürlich nie was verraten. Dich nicht verraten. In mir wie ein Geheimnis, und die Füchse führten mich schließlich aus dem Wald. Als ich endlich die Straße erreichte, hatte das Zwielicht seinen Zauber gewirkt. Mich aus dem Tag in friedliches Dunkel geführt, und ich lief die Straße hinauf, um schnell ein paar Sachen zusammenzupacken und innerhalb von Minuten das Haus und das Leben, in das ich so sicher einzutreten geglaubt hatte, wie die Mitwirkenden im Parkpavillon ihren Weg durch

Mozarts Partitur fanden, zu verlassen. Und stattdessen selbst fuchsgleich aus allem Vertrauten, Geplanten, Berechneten ins Laub und die Wälder zu entschlüpfen, du und ich, mein Herz, wir sind weg.

NICHT WIEDERKOMMEN

Der Wolf auf dem Weg

Nach zwanzig Minuten lichtete sich langsam der Himmel. Der dichte graue Wolkenbalg der frühen Morgenstunden riss auf, und zum Vorschein kam ein Licht, blass wie Eierschalen oder altes Gebein. Es würde den ganzen Tag kalt bleiben. Das sah Anna an der Farbe oder vielmehr Nichtfarbe des Himmels. Schon bei Morgengrauen hatte sie gewusst, dass es keinen blauen, besonnten oder goldenen Tag geben würde, sondern die dünne, kalte Stille, die für die Gegend in dieser Jahreszeit typisch war. Durchweg weiß, beinfarben und grau.

Rückblickend ist ihr, als wäre schon der Himmel, das fahle Winterlicht, ein Vorgefühl gewesen. Sie hatte keine Ahnung, was sie da tat. Hier draußen um diese Zeit allein unterwegs, wo Neil und die Jungen im Hotel noch schliefen ... Es entsprach aber der, die sie damals gewesen war, findet sie heute, vom Instinkt geleitet, ohne ausgleichende Vernunft oder Einsicht. Sie kann sich nicht einmal erinnern, was sie an jenem Morgen dachte, sofern sie überhaupt irgendwelche Gedanken gehabt hatte. Den Himmel wahrgenommen, das wohl, und den roten Mietwagen gelenkt, als wäre es ihr eigener, so unweigerlich wie daheim, wo sie die üblichen Wege alle wie im Schlaf kannte, so unausweichlich ... Das weiß sie noch. Überhaupt, dieses Wort: «unausweichlich». Als wären ihr Aufbruch am Morgen, der feste Vorsatz, die Zielstrebigkeit das Gleiche wie zum Supermarkt zu fahren oder die Kinder zur Schule zu bringen. Sie hatte die Kurven genommen, als wären sie ihr vertraut, als kennte sie jede Abfahrt und jedes Schild, obwohl doch alles, was sie an jenem Morgen tat, ohne Beispiel und neu war.

Wares einfach so, wenn du dich auf eine Affäre einließst? Agiertest du blind, ohne die Konsequenzen zu bedenken, wie auf Autopilot? Ging es allen Frauen so? Etwa wie der in Kate Chopins *Erwachen?* Oder in dem Film, den sie letztes Jahr im Fernsehen gesehen hatte, wo Isabelle Huppert einfach weggegangen war und ihren Mann in Paris verlassen hatte? War das immer so? Das Gefühl, wegzugehen – standst du einfach am Morgen auf und gingst?

Unausweichlich schien wirklich das richtige Wort. Ein Wort, das im Mund zischte. Mehrmals gleich. Das entsprechend dem, was es bezeichnete, nicht so leicht wich, das dir vielmehr die Länge und Lebendigkeit der eigenen Zunge bewusst machte, an den Zähnen, am Gaumen. Sie spricht es noch mal laut vor sich hin. «Unausweichlich». Ein Wort, das nachwirkt. Lange nachdem Söhne und Mann und das Leben mit ihnen hinter dir liegen.

An jenem Morgen war ihr jedenfalls gewesen, als hätte sie keine Wahl. Das Ziel vor Augen, die Route berechnet. *Aufstehen und gehen* – so einfach war es ihr tatsächlich erschienen. Im Hotel noch kein Betrieb, als sie zur Tür hinausspazierte, die Lobby hell erleuchtet zwar, aber an der Rezeption niemand, der sie hätte bemerken können.

Und die ganzen Ski-Plakate an den Wänden, die Broschüren auf den niedrigen Tischen – «Sesselbahn Snowy Mountain». «Hilltop-Tour». Als müsste man die Gäste erinnern, weshalb sie dort überhaupt abgestiegen waren. «Derzeit haben wir den besten Schnee der Saison», hatte beim Einchecken an der Rezeption jemand gemeint. «Doch wirklich, Sie kommen genau zur richtigen Zeit.»

Der Himmel hatte sich jetzt auf der Fahrt weiter aufgetan, weiter gelichtet. Anna hatte auf die Uhr gesehen. Viertel vor acht. Eine Stunde lag jetzt schon hinter ihr. Eine ganze Stunde, seit sie die helle Lobby durchquert hatte und noch davor schon im Dunkel auf gewesen war, die Zeit auf der Nachttischuhr registriert hatte, ehe sie ein paar Sachen zusammenklaubte, eine kleine Tasche, einen Mantel, die Autoschlüssel, und zur Tür hinaus schlüpfte ...

«Stell dir die Zeit in Etappen vor», hatte er gesagt, oder nicht? Hatte Robert gesagt. «Eine Stunde. Noch eine Stunde. Und dann ruf mich, wie gesagt, von der Telefonzelle am Ende der Straße aus an.»

Seine Stimme ist ihr wieder präsent, jetzt wo sie an all das zurückdenkt, die träge Lässigkeit und doch Insistenz. Sie übt noch immer einen Sog aus. Da war die Straße, die neben ihr herlief, und dazu seine Stimme, da flogen die Sekunden, Minuten dahin im Rhythmus des Atmens. Selbst der Wagen hatte etwas Kreatürliches, lief muskulös und rasant mit, hielt den Rhythmus Zug um Zug, Sekunde um Sekunde ... schien der Straße ebenso zielstrebig und dringlich nachzujagen.

«Ruf mich um neun an», hatte Robert gesagt, «wir kriegen das schon hin.»

Das war natürlich am Vorabend gewesen, als sie den Plan ausgeheckt hatten. Als sie ihn, wie verabredet, vom Hotel aus angerufen hatte, damit sie sich überlegen könnten, wie und wo sie sich treffen sollten, was sie machen würden. «Wir kriegen das schon hin», hatte er bereits an jenem ersten Abend gesagt, als sie sich kennenlernten. «Du wirst mich von der Telefonzelle am Ende der Straße anrufen müssen, weil es in unserer Ecke keinen Handyempfang gibt», hatte er zu ihr gesagt. «Aber nicht zu früh, ja? Ich schlafe lange.»

War denn an Roberts Art von Anfang an, fragt sich Anna jetzt viele Jahre später, gleich, als sie sich kennenlernten, etwas gewesen, eine Sorglosigkeit, die sie zwangsläufig anziehen musste? Denn möglich scheint, oder etwa nicht, aus ihrer heutigen Sicht, wo sie älter ist, dass er vielleicht gar nicht damit gerechnet hatte, dass sie es wirklich durchziehen würde. Immerhin hatte sie, für ihren Teil, genau das getan, worüber sie an jenem Abend in London gesprochen hatten, als sie sich kennenlernten. Sie hatte Neil und die Jungen im Hotelrestaurant zurückgelassen, über ihre Spaghettiteller gebeugt, die Gesichter rot und beglückt nach einem Tag Sonne und Schnee, hatte gesagt: «Augenblick nur, ich hole mir eben von oben eine Jacke», um stattdessen ans Telefon in der Bar zu laufen und, wie er es ihr aufgetragen hatte, Robert anzurufen, damit sie sich für den nächsten Tag verabreden könnten. Und selbst damals hatte sie schon den Eindruck gehabt, den zur Kenntnis zu nehmen sie sich zu dem Zeitpunkt allerdings nicht erlaubte, dass er verwirrt klang, irgendwie, oder sogar überrascht, dass sie sich tatsächlich meldete.

«Das ist gerade ein bisschen viel», hatte er am Telefon gesagt. «Ich dachte, du bist Ski fahren. Ich dachte, du bist ...», er hatte gezögert, oder so kam es Anna vor, «... bei deinem Mann.»

«Das war ich», hatte Anna gesagt. «Das bin ich, aber –»

«Schon gut. Kein Problem», hatte er gesagt. «Wir machen es wie besprochen. Nur ruf mich bitte nicht vor neun an. Ich schlafe, wie gesagt, gern lange. Vorher bin ich nicht ansprechbar.»

«Okay», hatte Anna gesagt. Sie kam sich vor wie ein Kind.

«Okay.»

Dann war sie an den Tisch zurückgekehrt, und Davey hatte hochgesehen und gemeint: «Und wo ist die Jacke? Mum, ich dachte, du willst eine Jacke holen», aber die anderen beiden wickelten um die Wette Spaghetti auf ihre Gabeln und schienen ihre Abwesenheit gar nicht bemerkt zu haben.

Und so war sie an jenem Tag, an einem Tag vor langer Zeit, aus den Bergen, wo sie sich mit ihren Söhnen und ihrem Mann aufhielt, ins Tal gefahren, aus den Bergen – nennen wir sie doch die «Unausweichlichen». Passt doch, oder nicht, denkt Anna jetzt, für die Lage, in der eine Geschichte ihren Anfang nehmen und wo sie hinführen, wo sie enden könnte. Sie und Neil waren immer gern dort gewesen. Seit jeher, schon vor der Heirat, und später, sobald die Jungen laufen konnten, waren sie mit ihnen Jahr für Jahr im Winter wiedergekommen ... Sie mochten die Gegend, umso mehr, als man dort noch in der Nebensaison Ski fahren konnte. Als die Jungen größer wurden, war es zum Ritual geworden. In demselben Hotel abzusteigen, das sie und Neil einst entdeckt hatten, dasselbe Zimmer mit dem kleinen Balkon und der Aussicht über die Baumwipfel und die lange, sich zur Straße hinabwindende Hotelzufahrt zu nehmen. Dort hatten sie, wenn die Jungen endlich im Bett lagen, gern zusammen gestanden und geraucht, sich den einen oder anderen Whisky gegönnt, und es war ein Spaß gewesen, ihr Privatvergnügen, an diesen Ort zu kommen, der sonst niemanden lockte, weil alle meinten, die Pisten in Frankreich und Italien seien doch so viel besser ... Sie hatten, wenn die Jungen im Bett lagen, das Gefühl, als wären sie erst kurz zusammen, als wäre es das erste Jahr ihrer Beziehung und hätten sie gar keine Kinder oder ein Haus mit Hypothek, Rechnungen und geregelte Abläufe und endlose zu erledigende Dinge ...

Wann also hatte der Spaß aufgehört und war Routine geworden, bloße Routine? Wann war es so weit gekommen, dass alles, was ihr im Leben gegeben war wie ein Geschenk, mit einem Mal eher eine Art Hunger auslöste, im Innersten das wilde, gefräßige Gefühl, dass nichts, gar nichts genügte?

Also ja, denkt Anna. Nennen wir die Berge ruhig «Die Unausweichlichen». Machen wir auch sie zum Teil der Geschichte.

Denn das Gefühl war immer stärker geworden. War vielleicht von Anfang an da gewesen, schon vor ihrer Ehe, schlummerte bloß ... Plötzlich jedenfalls waren die Jungen sieben und neun, sie waren keine Babys mehr, und sie konnte nicht mehr so tun, als brauchten die beiden sie und verließen sich auf sie wie früher. Und Neil – nun, Neil war Neil. Sie hatte, gleich als sie sich kennenlernten, gespürt, dass Neil ein verlässlicher, solider Partner sein würde, mit den Jahren aber entsprechend genügsam werden würde, einverstanden mit der Behaglichkeit einer Arbeit und eines Heims und einer Familie, die ihn vollauf befriedigten und erfüllten und ihm, eben, Behagen bereiteten.

Also war es kein Wunder ... Sie sieht es so deutlich ... Kein Wunder, dass sie, als sie an jenem Abend auf einer Silvesterparty Robert kennenlernte, als es draußen kalt war und schneite und sie sich an den Norden, die Berge erinnert fühlte ... dass sie bereit war zur Flucht.

Na hallo, hatte er über den Tisch hinweg zu ihr gesagt, bevor sie einander überhaupt vorgestellt worden waren. *Wo kommst du plötzlich her?*

Anna schmunzelt bei der Erinnerung. Denn mal ehrlich. Was für ein Spruch. Unfassbar eigentlich, dass der bei ihr gezogen hatte. Wer ließ schon noch solche Sprüche ab, jedenfalls, seit sich längst alle fest banden? Aber Robert hatte sie angesehen, hatte sie angesprochen, und plötzlich war es bei dem Essen an diesem Abend gewesen, als fielen die ganzen Jahre der Verträge und Ehe und Kinder, des so sicheren, gesicherten Unterschlupfs ab, als hätte er sie im Bruchteil einer Sekunde mit sich selbst in Kontakt gebracht und fühlte sie sich für alles offen und wild und lebendig. Zehn Jahre Ehe abgefallen wie ein schwerer Wintermantel, und sie frei.

Und doch ...

Darüber denkt Anna dieser Tage viel nach ... Zehn Jahre sind eigentlich gar nicht so lang, nicht lang genug. Um zu beschließen, dein Leben genüge nicht, das, was du gewählt hast, genüge nicht. Um sich deinem Mann entfremdet zu fühlen, zu entdecken, dass sich zwei Menschen nicht mehr sehr kennen oder viel zu sagen haben, höchstens zu den Kindern. Was waren schon zehn Jahre. Es braucht weit mehr als zehn Jahre, um dahinterzukommen, dass dir nicht die großen, langfristigen Entscheidungen, etwa für einen Mann oder fürs Kinderkriegen, zeigen, wer du bist, sondern Momente im Leben, Sichtungen. So sieht sie das heute. Und das, obwohl der Moment der Begegnung mit einem gewissen Mann auf einer Party zweifellos der Anfang einer Reise war, die sie an jenem Wintermorgen, an dem diese Geschichte beginnt, antrat, und das, obwohl sie sich in ihrer Ehe zweifellos damals so fühlte – gefangen, gelangweilt und so weiter ... Tatsächlich, weiß sie, ist es nicht die Reise, die Dauer einer Ehe, der Weg ... Sondern das, was dich plötzlich anspringt und schlingern lässt, aufschreckt, aufmerken lässt an der nächsten Kurve, ist das Eigentliche.

Und doch war sie an jenem Morgen vor so vielen Jahren trotzdem aufgebrochen, und es war ihr tatsächlich vorgekommen wie eine Flucht damals, loszufahren. Alles, was sie gewollt hatte, *gewollt* hatte ... Vor ihrem inneren Auge sah sie Neil dort im Hotelzimmer liegen, nichts ahnend, im Dunkeln. Die wunderschönen beiden schlafenden Jungen. Sie hatte sie betrachtet und nicht einmal zum Abschied geküsst. Als bedeuteten sie ihr rein gar nichts, war sie einfach zur Tür hinausgeschlüpft wie durch eine Lücke im Zaun. Hatte Robert gewählt. War zu ihm gefahren. Hatte ihn, diesen Mann, den sie nicht einmal kannte, allem Bisherigen vorgezogen. Einen Mann, mit dem sie bei einem Abendessen einen Blick gewechselt, mit dem sie sich unterhalten hatte ... und ihr wahres Selbst entdeckt ... Chaos. So war es nämlich. Sie erinnert sich noch heute sehr deutlich an das Gefühl, das sie durchzuckte. Das Wunder. Wie sie plötzlich niemanden sonst im Raum mehr wahrgenommen oder gehört hatte. Den armen Neil nicht am anderen Ende der Tafel, sondern nur diesen fremden Mann so dicht neben ihr, der sie unverwandt ansah und der sagte: «Tja, ich weiß ganz genau, wo deine Berge sind, wo du mit deiner Familie Ski fahren gehst. Denn nach allem, was du erzählst, bin ich ganz in der Nähe. Ich habe selber genau dort ein Haus.»

«Tatsächlich?», hatte sie zu ihm gesagt und ihm tief in die Augen gesehen. «Du weißt, wo ich bin?»

«Darling, da bin ich schon immer.»

Lächelnd hatte sie gesagt: «Das glaube ich nicht.»

«Ich kann es dir beweisen», hatte er erwidert. «Komm und überzeuge dich. Deine Berge von meinem Tor aus. Ich werde Ende des Monats dort sein. Du hast gemeint, du auch. Du kannst zu mir rüberkommen.»

Damit hatte die ganze Affäre angefangen, könnte sie im Nachhinein sagen. Oder zumindest war es der Auftakt des Ganzen gewesen. Weil er daraus eine Art Herausforderung gemacht hatte – ob sie an jenem Morgen im Auto sitzen würde. Der Route, der Straße folgen ... eine Stunde. Und dann noch eine Stunde. Genau, wie er es gesagt hatte. Zeit in Etappen. Wahlmöglichkeiten zusammengeschnurrt auf – keine Wahl. *Unausweichlich.* Schon als sie ihn von der Hotelbar aus angerufen hatte und dann später, viel viel später draußen im Hotelflur von ihrem Handy, seine Stimme schwerzüngig verschlafen und er verwirrt, wer ihn da anrief, eine Frau mitten in der Nacht – «Was? Wer?», hatte er genuschelt –, ja, auch das unausweichlich.

«Warte mal kurz», hatte er gemeint.

Und sie hatte gewartet. Hatte in Slip und T-Shirt draußen im Flur gestanden, das Hotel still, ihr Mann und ihre kleinen Jungen nichts ahnend, und gewartet. Bis er wach war. Ihm wieder einfiel, wer sie war. Hatte sich dort bibbernd im Flur bereits den Weg zu ihm ausgemalt, die unter den Rädern des Wagens sich wegdrehende Straße und die mit jeder Sekunde sie näher bringenden Meilen, den sich verringernden Abstand zwischen ihnen, sich ausgemalt – wie sein Haus sein würde, wenn sie es an seiner Seite betrat, sein Haus, sein Flur, sein Schlafzimmer, sein dunkles, aufgeschlagenes Bett.

Also ja, an jenem Morgen hatte sie nur endlich dort ankommen wollen. Es war schon neun, gleich würde sie von der Schnellstraße abbiegen und der Ausfahrt ein paar Meilen bis zu der Abzweigung folgen, die sie nehmen müsste, bis sie voraus die Telefonzelle sähe, von der ihr Robert erzählt hatte und die dort draußen am Ende der Welt unten an der Auffahrt stünde, als wartete sie schon.

Unter ihr zog der Wagen, mühelos galoppierend, aber auch gierig. Bäume huschten vorüber, voraus leere Meilen, himmelstemmende Berghänge und Schnee, und hinter ihr ihre Familie ... Es waren an jenem Morgen sonst keine Autos auf der Straße unterwegs gewesen, oder? Vorher vielleicht, vor Morgengrauen, aber jetzt ... Sie fegte um eine Kurve und sah plötzlich voraus irgendwas.

Es hatte ein, zwei Sekunden gedauert, es zu registrieren, dann noch eine, und dann erst erkannte sie aus größerer Nähe und bei hohem Tempo ein Tier, verletzt? Es warf sich mitten auf der Schnellstraße in großen Sätzen hin und her. Als der Wagen vorbeiflog, traf sie ein Blick aus seinen Augen – da brach der Wagen aus, schlingerte plötzlich bedenklich aufs Bankett zu, richtete sich dann aber wieder aus, und im Rückspiegel sah sie, dass das Tier nicht getroffen war, es gab kein Blut, es lag an etwas anderem, dass es über die Betonschutzwand hin und her setzte, hin und her.

Was war das für ein Tier? So panisch, so anormal, wie es sich hin und her warf. War es vielleicht doch verletzt? Angefahren, leidend? Und nur eine Frage der Zeit, bis ein nachfolgender Wagen heranbrauste und es traf ...

Annas Wagen aber schnürte weiter. Was sollte sie tun? Darüber dachte sie später viel nach. Was hätte sie denn tun sollen? Schnellstraße immerhin, aufziehender Verkehr im Rücken, möglicherweise, und alles nur eine Richtung, sie konnte nicht anhalten, nicht einmal wirklich bremsen – und doch blieb das Gefühl, von dem Blick des Tiers einen Moment lang, eine Ewigkeit, gefangen, gebannt zu sein, dem gelben, gelben Auge, das sie im Vorbeifahren für den Bruchteil einer Sekunde fixiert hatte ...

Das Gefühl überkommt sie erneut.

Denn als sie vorbeigerauscht war, während ihr Herz, das seinerseits einen Satz machte vor Schreck über das Schlingern und das, was sie gesehen und trotzdem zurückgelassen hatte, war Anna flüchtig aufgefallen, nicht wahr, dass es ein paar verstreute Häuser gab, karge Neubauten mit winzigen Gärten, die hinter armseligen Windoder Schallschutzwänden an die Schnellstraße grenzten, und sie hatte begriffen, dass es von dort ausgebrochen sein musste, aus einem Zwinger oder so, irgendwo, wo es, zweifellos illegal, gehalten worden war ...

Und war jetzt weg, war auf der Straße. Ohne zu wissen, was es tat, wie es dorthin gelangt war, wo es hinsollte ...

Dieses Auge ...

Aber was sollte sie denn tun?

Das, was dich plötzlich anspringt und schlingern lässt, dich aufschreckt, gerade noch die Kurve kriegen lässt ...

Sie war weitergefahren. Sah es im Rückspiegel immer kleiner und kleiner werden. Sich noch immer in großen Sätzen herumwerfen. Hin und her, hin und her. Der Wagen nahm Fahrt auf, und sie fuhr weiter und unternahm selbst jetzt minutenlang gar nichts ... Dann drosselte sie ihr Tempo, griff nach ihrem Handy, drückte, ohne den Blick von der Straße zu nehmen, die Wiederwahltaste und hatte, wundersamerweise, Empfang, eine gute Verbindung.

«Wo bist du?»

Aber da hatte sich alles schon wieder verändert. Als sie antwortete, ihm antwortete.

Als sie sagte: «Bloß ...», und sich das Wort sagen hörte. Was lag in diesem «bloß»? Bloß ... so? Bloß, dass es ein Wort war, bloß eine Antwort für ihn, weil sie für ihn in dem Moment sonst keine Worte hatte, die hätten beschreiben können, was passiert war.

«Anna?»

«Bloß ...»

Oder kehrte sie mit dem einen Wort zu den Wörtern zurück, während die Straße vorbeiflog, Bäume aufblitzten ... Hatte sie bloß den Raum gebraucht, ihm antworten zu können. Ein Wort, ein «bloß» ... bevor sie wieder mit ihrem Mann sprechen konnte.

Was immer es damit auf sich hatte, ihr war noch vor seinem «Dann komm um Himmels willen zurück», als wäre die Gegenwart schon Vergangenheit und alles, was sie an diesen Punkt geführt hatte, jeder Gedanke und jedes Gefühl, weg.

Und da konnte sie ihm vollständig antworten. «Ich weiß, tu ich. Bin schon unterwegs.»

Und seht nur. Wie der Rest genau wie das bisher Erzählte jetzt steht, wie dieser ganze Teil ebenso unausweichlich wird wie der, der vorausging. Dass Neil ihr sagte, er werde die Polizei verständigen, sie solle ihm genau sagen, wo sie sei, weil die Verkehrspolizei bestimmt Streife fahre und wen in der Nähe habe, der helfen könne. Dass immer irgendwelche Leute so was machten, sagte er, sich so was als Haustier hielten, und dass gelegentlich eins entwische, versuche, wieder in die Berge zu gelangen, nehme er an, wo diese Tiere einst, vor langer Zeit, in einem anderen Leben, hingehört hätten. Dann sagte er ihr, sie solle die nächste Ausfahrt nehmen und in der Gegenrichtung wieder auf die Schnellstraße auffahren, dann könnten sie alle um elf am zweiten Sessellift sein, die Jungen würden sich freuen, sie hätten beim Frühstück gefragt, wo sie bleibe.

«Was hast du dir bloß dabei gedacht?», fragte er. «Einfach so loszufahren? Ohne Bescheid zu sagen?»

«Ich weiß nicht, was ich mir gedacht habe», hatte sie erwidert.

Was stimmte. *Sie hatte keine Ahnung, was sie da tat*, schon vergessen? So fing die Geschichte an. Am frühen Morgen. Am Abend zuvor. Der Anfang ihres Weggehens, die Vorstellung, mit ihnen allen zu brechen ... Der ganze Ablauf von eigentlich wesensfremden, unbekannten Gefühlen bestimmt. Ihr bleibt als einzige Gewissheit das, was ihr plötzlich mit größter Klarheit aufgeht, dass nämlich, als der Wagen an jenem Morgen die Kurve nahm, an dem vorbeiflog, was sie auf der Schnellstraße sah, diesen gelben Blick, und vor vielen Jahren endlos in großen Sätzen sich hin und her werfend im Rückspiegel hinter sich ließ ... der Moment war, da sie selbst sich befreite.

Tangi

Zu den ganz jungen Trieben sagten wir neugeboren. Sie
waren froschgrün und feucht, sprossen dicht an dicht
auf der Böschung, kaum größer als mein kleiner Finger,
ihr Geheimnis an den Spitzen eingezogen, die Stängel im
hellen Sommerlicht fast durchsichtig. Neugeboren also.
Nicht holzig wie die dicken ollen Pongas, die kerzengerade bei Nanni aus dem Boden kamen und so schnell braun
und rissig wurden. «Neugeboren» hießen die Wedel bei
der. «Babys, noch feucht in den Falten ... fühl mal», sagte
sie und ließ mich bei einem den Finger in den Nabel schie-
ben, in die klebrige Mitte, von der die Pflanze sich nährte.

Alles habe ich damals von meiner Nanni gelernt. Bevor
ich erwachsen wurde, bevor ich alt wurde. Im Sommer
brachen meine Eltern meist von der Universität, an der sie
lehrten, zum Forschungsurlaub auf und schickten mich
als Kind in den Norden hoch zur Mutter meiner Mutter.
Lang waren die Tage dort, eine einzige endlose Trägheit
und Hitze: baden im Fluss hinter Nannis Garten oder
vorn auf der Veranda sitzen und den Güterzug durch die
Viehweiden ziehen sehen, quer durchs Land bis ganz zum

Meer. Und wild. War alles dort. Sogar der Zug, der sich in der Weite verlor. Genauso das Haus in seinem Garten mit dem Farnkraut und der im Busch in seiner Schlucht wie ein kühles Geheimnis verborgene Fluss ... so anders als in der Stadt, wo ich sonst mit meinen Eltern wohnte. Denn bei Nanni war es dunkel, die Räume in meiner Erinnerung verwinkelt. Auf den Tischen standen ihre zauseligen Sträuße, in der Küche Geschirr auf dem Abtropfbrett und immer was auf dem Herd. Sie haute mich ähnlich um wie jedes Jahr die Hitze, diese Riesenkluft zwischen den beiden Orten, die mein «Zuhause» waren. Und mit den Orten wechselten die Wörter. Wie «neugeboren» für ein Blatt, wie «komm her, du Spillerding, deine alte Nanni könnte dich glatt fressen». Unterschiedliche Arten zu reden für unterschiedliche Leben, Nannis Halbsätze mit dem Lachen drin, die nicht mal immer ein Ende hatten oder eine Frage anhängten. Wörter, die einfach zu dem wurden, was meine Nanni tat. Etwa wenn sie meinte: «Wer hat dich am liebsten?», um mich im selben Atemzug hochzureißen und fest an ihre Brust zu drücken, bis ich ihren großen Körper überall spürte wie Kissen. «Hat sie dich, deine alte *Puki!*»

Sie hatte aber noch wen am liebsten, nicht nur mich. «Meine Herzensschwester», nannte sie die, ihre «allerliebste beste Freundin» Queenie. Die war genauso alt wie meine alte Nanni und mit ihr so eng, dass sie echte Schwestern sein könnten, sagten sie mir, «unter der Haut». Queenie lebte mit ihrer Familie draußen im Marae auf Land, das ihren Leuten schon immer gehört hatte – aber kam zu uns rein. Einmal die Woche. Oder zweimal. Manchmal noch öfter, glaube ich, das kam auf den Laster an, den ihr Vetter Pete fuhr, und ob er in der Stadt Gemüse liefern oder was abholen musste.

«Fährt Pete wieder?», hörte ich meine Großmutter ins schwarze Telefon in der Diele sagen, wo sie fast täglich mit Queenie sprach. Und dann hörte ich sie in die große Sprechmuschel lachen und flüstern wie ein Schulmädchen. «Iwo!», konnte sie etwa sagen, und andere Dinge, die meine Mutter nicht ausstehen konnte. «Dann bis morgen, du.» Oder «Mach schon, setz deinen dicken Hintern in Bewegung, hörst du!» Lauter so Sätze, in denen nichts von den Manieren war, auf die meine Eltern so viel gaben. Ich glaube kaum, dass sie sich klarmachten damals, meine Eltern, wie viel ich hörte, wie sehr ich im Sommer diese Sprache aufsog. Sonst hätten sie meine Besuche in all den Jahren, als ich klein war, untersagt. Meine Mutter entsetzt, hätte sie gewusst, dass Queenie zu uns kam.

Die kam aber, und sie blieb auch oft. Das viele Getuschel am Telefon, sie und Nanni, bloß Kungelei, wie sie zusammenkommen und möglichst viel Zeit miteinander rausschinden könnten, ihren Tee trinken und hinten auf der Veranda sitzen, als gebe es immer noch mehr zu sagen. Manchmal blieb Queenie den ganzen Tag, und dann aßen wir dort im Freien zu Abend, weil Pete erst spät, nach dem Pub, kam, wenn ich in der heißen Nacht auf der Straße den Lkw-Motor rattern hörte. Auch da keine Manieren, weil er laut nach ihr brüllte und hupte. «Schluss jetzt, ihr Tratschtanten, ey? Ich will los, also mach zu, alte *Wahine!* Komm in die Hufe, altes Mädchen!»

Queenie war *Wahine*, allerdings. Durch und durch Maori, kein bisschen «verdünnt» – sagte meine Nanni dazu, zu ihrer prächtig dunklen Haut. Kein bisschen Weiß in ihr, keine Granny, kein Daddy so verrückt, sich auf *pakeha* einzulassen, nichts da. «Sie ist hundert Prozent», sagte Nanni. «Meine Herzensschwester. Sie ist ganz.» Queenie war aus Ngarawhahia, von zwanzig Meilen außerhalb, früher ein weiter Weg auf den holprigen Pisten, die sich um die gelben Hügel wanden und durch den Busch dahinter. Wenn ich hörte, wie es dort früher mal war, klang es für mich wie eine Geschichte. Nanni und Queenie konnten stundenlang sitzen und von der großen Familie mit den vielen Babys und Nannis reden und von den anderen allen, und es war wirklich wie eine Geschichte, die herrlich langen Namen der Leute zu hören und von ihrem Begegnungshaus mit lauter Schnitzereien, das drinnen so schattig war und in dem sie manchmal schliefen, und von der Stelle an den Kochplätzen, wo sie den *hangi* gruben, den Erdofen für die großen Mittagsgelage und Festessen. Selbst Petes Laster erzählte Geschichten, staubverkrustet von den befahrenen Pisten, und hinten auf der Ladefläche zwischen dem Extra-Gemüse, das er in der Stadt verkaufte, ein, zwei durchgerüttelte Hunde ... Als rumpelte der Laster aus einer anderen Zeit vor Nannis Haus. Käme direkt aus einer anderen Welt.

Und Queenie, tja. Wenn das alles eine Geschichte war, dann war sie ganz klar die Hauptfigur. Die Erinnerung an sie musste erst kommen, ehe ich das alles endlich aufschreiben konnte. Zum Beispiel, wie ihr Lachen lauter war als alle sonst, die ich hörte, ihr Gesicht näher. Wie sie löchrige Männerpullover über ihrem Sommerkleid

trug, in Gummistiefeln ging oder barfuß, je nach Wetter.
Dass sie Kleiderkram, so ihr Ausdruck, nicht mochte und
nicht still dasitzen, warum denn, wo es doch so viel zu
sagen gab? Und was sollte das Stillsein? Stillsein, sagte
sie immer, würde es noch mehr als genug geben, wenn
sie erst tot war – und das auf ewig. «Mächtig still hier,
verdammt!», rief sie uns manchmal entgegen, wenn sie
eintraf, Nanni und ich in der Küche nicht mal das Radio
an und auch sonst kein Piep. «Da schaudert mich glatt,
altes Mädchen», sagte sie. «Komm, setz den Kessel auf,
erst mal einen Tee.»

Nichts von dem natürlich hätte meine Mutter je im Leben gesagt oder getan. Und Nanni hielt ja vor meiner
Mutter geheim, wie sie mit ihrer besten Freundin war.
Bei Nanni wurde alles schlagartig anders, wenn meine
Mutter mich zu Beginn des Sommers brachte und zum
Ende holte ... nachmittags und morgens war es dann ...
bevor sie in ihrem flotten Wagen wieder abfuhr ... allerdings mächtig still, verdammt, das kann man wohl sagen.
Meine Großmutter musste dann nämlich Theater spielen,
weiß ich heute, und wie sie spielte bei diesen kurzen Besuchen, sie benahm sich dann genau wie meine Mutter, die
nie fluchte oder überhaupt nur die Stimme hob, die mit
den Wörtern nicht so herumspielte, wie ich es Queenie
und Nanni tun hörte, wenn sie zusammen waren. Als
wäre Nanni in Gegenwart meiner Mutter eine komplett
andere. Kein «ey» mehr, kein Lachen, keine Maori aus
Te Henga. Keine kleinen Scherze, keine Halbwörter und
Wendungen. Meine Mutter fand, Fragen sollten Einla-
dungen sein, oder nicht? Zum Dialog, und nicht einfach

so zwischengeplappert. Da gebe es Regeln, sagte sie, an die müsse man sich halten. «Bitte» und «Danke» und ganze Sätze. «Führe zu Ende, was du sagen willst», meinte sie. «Deine Sätze sollten nicht viele Worte machen, sondern von vornherein präzise fassen, was du sagen und vermitteln willst.»

Aueee. Die Arme. Meine Mutter. Hoffentlich liest sie das hier nie. Denn kaum war sie zur Tür hinaus und weg, zog meine Nanni mich an ihre Brust und «hatte» mich wieder, sang eines der alten Lieder, für die niemand eine Mutter braucht, nur Ahnen, nur die ganzen Toten. Wir kniffen die Augen zu, alle beide, um der Tochter meiner Großmutter Zeit zu lassen, abzufahren und sich ein gutes Stück zu entfernen, dann gab Nanni ein *Aueee* von sich wie Wehklagen, wie ein Seufzen. Halbwörter und lockere Sprüche schlichen sich wieder ein, ebenso zögernd, wie Friede von Neuem einkehrte, Stille und die Erleichterung, wieder für uns zu sein. «Da hab ich dich, du kleines Ding», stieß Nanni aus, drückte mich fest und mahlte zum Spaß mit den Zähnen. Dann zog sie die Nase kraus, schnitt eine Grimasse. «Da hat sie dich, ey, deine *Puki?* Passt schon auf dich auf. Komm, wir rufen meine Herzensschwester an, wir beide. Holen sie uns wieder.»

So lief das, sobald meine Mutter weg war. Nach ihrem Besuch und der gestelzten Art, nach dem leiser werdenden Motorröhren rief Nanni bei Queenie an, und dann war wieder alles gut, Queenie gleich am nächsten oder übernächsten Tag wieder da, und manchmal sprachen die beiden darüber, die Mutter meiner Mutter und ihre allerbeste Freundin. Und manchmal, ja, weinten sie auch. Da konnte so ein Gespräch eben schnell mal hinführen, sagte mir Nanni später. Schnell drauf hinauslaufen. An solchen Tagen vergingen Stunden und wurden ihre Stimmen immer leiser und der Tee im Pott kalt, schwammen in ihren Tassen die Reste und wandte sich Nanni von mir ab und sprach mit ihrer Herzensschwester so leise, dass ich nichts mehr verstand, verstehen durfte. «Ab mit dir», sagte sie dann. «Das müssen deine großen Lauscher nicht hören. Husch!» Da wusste ich dann, es würde traurig werden, wenn sie mich auf die Art abschob. Die Geschichten, die sie sich dann erzählten, brachten meine Nanni zum Weinen.

Wie gesagt, meine Eltern hatten keine Ahnung, was vor sich ging. Dass Queenie kam und es Tränen gab, und ich konnte es mühelos vor ihnen verbergen, die Geschichten und was ich alles mitkriegte. Rückblickend denke ich, meiner Mutter musste all die Jahre davor gegraut haben, dass ich irgendwann hinter genau das Geheimnis käme, das sie sich solche Mühe gab zu wahren. Andererseits waren wir alle als Familie, auch meine Großmutter, das Schweigen so gewohnt, dass nichts anderes in Frage kam als *Mund halten, altes Mädchen, für dich behalten*. Und es gab ja niemand sonst, der auf mich hätte aufpassen können, wenn meine Eltern im Sommer wegfuhren. Bis wir schließlich ganz wegzogen, war Nanni die Einzige. Das Spezialgebiet meiner Mutter waren romanische Sprachen und Literaturen, also brauchte sie Europa – «Das ist meine Kultur», sagte sie stets. Und mein Vater als Geschichtswissenschaftler konnte sie jederzeit mit Gewinn in irgendeine mittelalterliche Stadt begleiten, klarkommen, sich beschäftigen, während sie Recherchen betrieb zu ihrem Buch über unregelmäßige Formen des Sonetts mit Zäsuren an Stellen, über die noch nie jemand nachgedacht hatte.

Es ist kein Wunder, genau genommen, dass ich so lange Kind blieb. Es gab die gepflegte Unterhaltung meiner Eltern, ihre ordentlichen, eckigen Räume, ein Leben der Universitäten und Bücher, der zierlichen Tassen und Untertassen auf einem Tablett – und dagegen die andere, lärmige, tränenreiche Zeit an einem Ort, der die Vergangenheit meiner Mutter einschloss ... Das hält jung, neugeboren sozusagen. Umgeben von Menschen, die Geheimnisse in Geschichten verwandeln, die du vielleicht nie wirst erzählen können. Ich musste auf die Sommer warten, um überhaupt ein bisschen mehr rauszukriegen, um Bruchstücke aufzuschnappen und auf Details zu lauern, von meiner Großmutter in abgelauschten Worten was zu meiner Familie zu hören, meiner *whenau*, in ihrer Sprache und in den Namen von diesem und jenem, einem, den sie mal *Wharakau,* mal Dick nannten. Wer war der denn eigentlich, wollte ich wissen. Dieser Mann, den sie beide liebten? Wie hieß er wirklich, und wo war er jetzt? Fragte aber nicht, weil Kinder eigentlich nie wirklich fragen, jedenfalls nicht nach den großen Sachen, solang sie nicht wissen, wie die Erwachsenen reagieren, was mit ihnen passiert, wenn die Antworten kommen. Vielmehr beobachtete ich das Gesicht meiner Nanni, wenn sie und Queenie an den traurigen, tränenreichen Tagen redeten. Versuchte zu verstehen. Versuchte, mir vorzustellen.

Und so ging es mit mir Sommer für Sommer weiter inmitten der gelben Hügel, der fernen ratternden Züge und der blökenden Schafe. Es gab die neuen kleinen Farnwedel bis direkt vor die Haustür, grüner als grün. Und wir beide, meine Nanni und ich, saßen still da oder spielten, redeten oder kochten im gewohnten Takt dieses so vertrauten Lebens – gab keinen Grund, sagte ich mir, die anderen verkorksten Fragen zu stellen. «Egal, Honey», hatte auch Queenie gesagt, als ich sie mal über meine Mutter auszufragen versuchte, warum meine Mutter so weit weg blieb von ihrer eigenen Mutter. Und warum meine Nanni so für sich lebte in dem kleinen Ort, wo ihr Haus stand, niemand sonst wirklich kannte oder sich mit wem traf außer Queenie, wenn die vorbeikam. Warum sie so anders sprach, so, dass es nur ihre Herzensschwester verstand, halb dies und halb das, Wörter, die irgendwie einen Körper hatten, die einen auf den Schoß nahmen, einen aufnahmen.

Queenie brachte jede Woche was mit, wenn sie kam, und wenn sie bis in den Abend blieb, gab es die Sachen zu unserem üppigen «Tea». Zuckermais oder eine Schweinekeule. Kürbisse. Pflaumen von den wild wachsenden Bäumen hinter ihrem Haus am Marae. Dort hatten ihre Leute einen mächtigen alten Gemüsegarten, von dem sie immerzu erzählte, geschützt hinter Manuka-Hecken, gespeist von dem Brauchwasser aus dem Waschhaus, und die Hühner liefen dort herum. Das wär ein echter Garten, sagte Nanni. Mit *kai*, ordentlicher Maori-Kost, nicht den Kümmerkartoffeln und dem mehligen Obst der *pakeha*. Wir müssten mal zusammen hinfahren und ihn mit eigenen Augen sehen. Echte Gärten, echte Kost. Auf eigenem Land, mit Regen. «Das wär mein Traum, dort eines Tages mit dir hinzufahren», sagte sie mir, «wenn du groß bist. Dann zeig ich's dir. Wenn du erwachsen bist, ja? Machen wir unseren Besuch, fahren mit Queenie und Pete, wir alle zusammen.»

Aber die Jahre vergingen, gar nicht mal so viele, wie ich mir gern einbilde, und ich kam nie hin an den Ort, der so fern blieb, nur in Geschichten da war. Vielmehr gab Nanni ihrer Queenie andere Arten von Kost mit auf den Weg: Dosenmilch und eingepackte Ladenkekse, gekaufte Gläser mit Marmelade und Relish. Wer sagte denn, dass wirklich existierte, wo Queenie herkam, wenn weder ich hinkam noch Nanni, sondern nur Queenie hingehören konnte? Wer glaubte denn schon, dass jemand lebte, wo Schweine frei herumliefen und dann geschlachtet wurden, wo die Leute eine Grube gruben und ganze Tiere mit *kumara* und Gemüse hineinpackten, bis sie unter den knallheißen Steinen im eigenen Fett brutzelten? Wer glaubte denn schon, dass ein weißes Mädchen sich mal dort hinausgewagt, einen Maori-Jungen kennengelernt und ein Baby bekommen, sich verloren hatte, verliebt?

Wie auch immer. Ich hatte ja Nannis Garten mit dem Brokkoli und der Bete und verschiedenen Arten von Salat, Süßkartoffeln, Mais ... Das wanderte alles in ihre Eintöpfe. Hinter der Farnböschung gab es dicke Rosenbüsche und Beete voller Margeriten, hohe Bambusstangen, die die Blumen vom Busch, von der Schlucht und vom Karst trennten. Das alles hatte sie – wozu also endlos von dem anderen Ort reden, als hätte das alles Bedeutung? Warum mit Queenie jedes Mal wieder davon anfangen, wenn sie zusammenkamen? Als wäre es ein Ort, der ihr besser gefallen könnte als der, wo sie lebte? Als wäre es ein Ort, den sie brauchte?

Als ich dann wirklich hinter die Antworten kam, lag das nicht nur an den tränenreichen Tagen. Oder Queenie über mich sagen gehört zu haben, ebenso gut könnte ich Waise sein «bei der Mutter» und Nanni daraufhin «und meinem albernen Herz» ... nein, gar nicht mal. Es lag an dem Tag, an dem es eine andere Art von Tränen gab, nicht einfach nur ein Weinen, sondern mehr, ein Heulen, ein Klagen, beides zusammen, Queenie mit zurückgeworfenem Kopf, das habe ich selbst gesehen, und geschlossenen Augen.

Denn Queenie war krank geworden und starb wenig später – das erfuhr ich erst Jahre, nachdem meine Eltern ins Ausland gezogen waren und es den Sommer gab, wo ich meine Nanni gar nicht zu sehen bekam und danach in überhaupt keinem Sommer je wieder. Als Queenie damals abgefahren war und Nanni sich die Tränen aus dem Gesicht gewischt hatte, zog sie mich zu sich heran und sagte mir, als wär's ein Gedicht, etwas, was meine Mutter hätte sagen können, auf die Art gebaut, dass man es sich gut merken kann, und ich habe es mir gemerkt, wortwörtlich: «Wie sehr doch deine Mutter ist wie ein Baum», sagte sie, «der sich eine hohe, gestutzte, gerade, gerade Form geben will, wo sie doch so schön sein könnte, wenn sie nur anders wachsen dürfte, weißt du, ein bisschen wilder. Aus einem mächtigem Stamm mit starken Wurzeln», sagte Nanni, «und breit ...»

«Sie hat sich verirrt», hatte ich Queenie an ebendem Tag mit dem «krank» und dem Klagen und der anderen Art von Tränen im schwachen Lampenschein zu Nanni sagen hören; sie hatten über meine Mutter gesprochen und den Vater meiner Mutter. «Mein Bruder hätte sie doch geliebt, Mann, wäre er nur am Leben geblieben. Aber sie ist weit in den Karst abgewandert, deine Tochter», sagte Queenie. «Sie weiß nicht mehr, wer sie ist.»

«Und jetzt verlier ich auch dich, meine Herzensschwester», sagte Nanni im Gegenzug zu Queenie. «Du verlässt mich. Die Letzte, die mir geblieben ist. Der Beginn der *tangi*.»

Sie hatten nicht bemerkt, dass ich da war, dass ich zusah. Ich war an die Tür geschlichen und hatte alles gesehen, alles gehört, was sie sagten. Sah Queenie meine Nanni in die Arme schließen. «Honey, Honey», sagte sie und strich ihr übers Haar. «Darüber sprechen wir, wenn du zum Marae kommst, ey? Um Abschied zu nehmen. Wenn die Kleine wieder in der Stadt ist. Dann nehm ich dich mit und erinnere dich dran, wo du hingehörst, Honey, wo du und mein Bruder immer hingehört habt ...»

Inzwischen weinten sie alle beide wieder um die alten Tage, die lange vergangenen Zeiten, und da war was bittersüß dran, geliebt und verloren, für immer fort, unvergessen und zurückgewünscht, den, der dir diese Zeit geschenkt hat, tiefbetrübt, aber mit einer an deiner Seite, die dich in deinem Kummer hielt, dich in den Arm nahm, in sanftem Ton *Aueee* sagte, dich tröstete, damit die Geister der Ahnen kommen und dir beistehen könnten, dir die Trauer nehmen.

Das Wort dafür, das meine Nanni gebrauchte, ist *tangi*, Trauer und Betrauern, Kummer und Verlust. Der Sommer, in dem ich Queenie zum letzten Mal sah, war der, in dem ich erfuhr, weshalb Nanni sie so liebte. Als ich die Tränen sah, ihre Art zu weinen hörte, die Frauen dort beieinander sitzen ... *tangi* sitzen sah um der vielen Dinge, die sie verloren hatten und verlieren würden, zurückdenken sah, zurückdenken ... Und Queenie alles, was meiner lieben Nanni von ihrem Mann noch blieb.

Und dann war da meine Mutter, die kerzengerade und ungerührt vorn im Wagen saß und mich am Ende des Sommers fortbrachte ... Was dachte sie – dass sie so bleiben könnte, genau so? Einfach dasitzen, stur nach vorn schauen, auf den Weg voraus, die Hände links und rechts auf dem Lenkrad? Ich würde wahrscheinlich nichts von alledem aufschreiben, wenn ich je gewusst hätte, was bei der da im Kopf vorging. Noch wäre es dann eine Geschichte, oder? Wenn ich es alles gleich schon im Kopf hätte? Dann gäbe es ja nichts zu enträtseln, oder? Im Schreiben? Keinen Grund, zu erzählen?

Denn ich bin hell, meine Mutter die dunkle. Neugeboren, nicht wahr? Als müsste ich vielleicht immer zu jung bleiben, um ganz zu begreifen. Neugeboren wegen der Farnwedel, der winzigen gebogenen Zehen und Finger, des neuen Grüns. Neugeboren wie einst ich und meine Mutter und ihre Mutter vor ihr, wir alle ganz genauso gekrümmt, in uns, ins Geheimnis unserer Geburt verschlossen, und doch dicht beieinander trotzdem wie die Farntriebe auf der Böschung vor dem Holzhaus meiner Großmutter.

Ich denke, am Ende musste ich, um die zwei Pole in meinem Leben zu verstehen, lernen, zwischen ihnen zu wandern, dass es vielleicht okay war, von der Stadt aufs Land und wieder zurück zu wechseln, von dunkel zu hell und hell zu dunkel. Von vor Vokalen und Kommas strotzenden Sätzen zu einer anderen Art zu sein, anderen

Worten ... Vielleicht war das alles ganz okay und gar nicht so schlecht.

Denn heute weiß ich altes Mädchen, dass nicht so sehr enträtselte Geheimnisse eine Person ausmachen als verstehen, wo die Wörter herkommen. Und wenn ich an Queenie und meine Nanni miteinander denke ... tja, da ergibt das mit dem Verstehen langsam Sinn, denk ich. Das Alte, Uralte, bei diesen Frauen weitergegeben von Mund zu Mund und aus dem Bauch, und nichts daran neugeboren. Wie sie auf der Veranda miteinander redeten, wie sie sich in den Armen lagen, wie sie sich die Finger in die Bäuche stupsten und dabei lachten ... Das war, als sähe man ganze Körper sich unterhalten, alte weiße Frau und ihre Maori-Herzensschwester. Als käme alles, was es zum Verstehen braucht, tief, tief aus ihrem innersten Selbst, so wie die Farne hinten auf der Böschung ihre Samen für neues Wachstum geben, und das, wie alle Welt weiß, seit hundert Jahren.

Also ja.

Denn vor langer Zeit, klar, war die Welt wahrscheinlich eine andere.

Und das war's mit der Geschichte, denk ich, und hört nur, wie ich rede, ihr. Wie ich klinge.

Doch nicht so neu, ey? Eigentlich?

Denkmal

Das würde sie zwar so nie sagen, geschweige denn daraus etwas machen, das sich lesen würde wie eine Geschichte, aber Tatsache ist, wenn ihre Gedanken um die zwei Ereignisse kreisen, die Anfang und Ende ihrer Ehe markieren, dann sieht sie hier ein Standbild und dort eines. Wie Buchstützen, wäre die bildliche Entsprechung. Und dazwischen ihr Leben mit Karl, die ganzen dreizehn Jahre ihrer gemeinsamen Zeit, wie die Titel auf Buchrücken, aber gelesen hat sie die Bücher nie. Nicht einmal einen Blick reingeworfen, die ganzen Jahre.

Und die Standbilder gleichen sich. Ihrer Erinnerung nach jedenfalls. Mitten an einem heißen Wintertag zwischen exotischen Bäumen und fremdem Vogelsang derselbe tote Dichter oben auf seinem Sockel wie der auf dem grauen Hügel in den Borders damals am letzten Wochenende, als Karl ihr von seiner Affäre erzählte und wie lange die schon ging. Sie bestehe weiterhin, hatte er gesagt, die Beziehung zu der anderen, aber könnten sie es nicht trotzdem versuchen? Weil sie beide doch schließlich beste Freunde seien, seit jeher, seit sie sich kennengelernt hätten. Und sie hätten doch an denselben Dingen Freude, oder nicht, und sei das nicht das Wesentliche in der Ehe? Interessen zu teilen? Sei das nicht letztlich das, hatte Karl gemeint, was Leute zusammenhalte?

Etwa das Wandern. So hatten sie sich kennengelernt, über den Rambling Club der Universität, und bald war es ihnen zur lieben Gewohnheit geworden, am Wochenende Bergtouren zu unternehmen, spät erst zurückzukehren oder manchmal im Sommer ein Zelt einzupacken und draußen zu übernachten. Dann war da die Erschöpfung, wenn sie sich nach einem langen Tag in ihren Schlafsäcken räkelten, und heute sieht sie, dass sich das ohne Weiteres angefühlt haben mochte wie Behagen, ja Glück. Kein Wunder, dass er dazu bald Liebe sagte, er, Karl, und sie hatte es ihm geglaubt. Am Ende sehr lange geglaubt.

Selbst an jenem Tag draußen in den Borders, nachdem er ihr von der Frau erzählt hatte, die er kennengelernt habe, die in der Bibliothek arbeite, und von der vielen Zeit, die sie zusammen verbracht hätten, was er nicht mehr geheim halten könne, weil er so einer nicht sei ... hatte Elisabeth eigentlich im Augenblick seines Geständnisses nicht gleich gewusst, dass sie ihn deshalb verlassen würde. Schließlich gab es bei ihnen immer noch die Freude an der Landschaft, die langen, gemeinsam zurückgelegten Wege. Sie hatte sich umgesehen dort auf dem Hügel, hatte die herrliche Stille und die gute Luft eingesogen, und ja, es gab zwar Karls Worte, aber es gab auch die Thermoskanne in seinem Rucksack und in ihrem die verlockenden Sandwiches, die sie am Morgen belegt hatte ... Und nichts sonst schien so real, oder? Wie der Gleichlauf ihres gemeinsamen Lebens mit seinen kinderlosen, geruhsamen Freuden? Sie hatte zu ihm sogar noch gesagt, nicht wahr, als sie am Hang stehen blieben und sie ihren Blick über die endlos kahle Weite der winterlichen Braun- und Grautöne schweifen ließ: «Ich glaube, ich weiß, was du meinst ...»

Dann waren sie weitergezogen, und da hatte sie erkannt, dass der dunkle Strich in der Landschaft, den sie bei ihrer Rast bemerkt und für einen Cairn oder eine Felsnadel gehalten hatte, in Wirklichkeit ein Standbild von Robert Burns war, das gleiche wie das – möglicherweise eine Kopie –, das sie vor so vielen Jahren auf der Fernreise gesehen hatte, auf der ihr Karl den Heiratsantrag machte.

Der Fernreise. Man könnte sagen, für sie beide als beste Freunde die nächste Etappe. Es war der Sommer nach ihrem jeweiligen Studienabschluss, und sie hatten gleich die Flüge gebucht, Listen der mitzunehmenden Dinge erstellt, der zu unternehmenden Wanderungen; Karl kümmerte sich um jedes kleinste Detail. Er hatte das günstigste Ticket für eine dieser Weltumrundungen herausgesucht, bei denen man überall unterbrechen konnte – in den USA und in Indien. Asien, Australien, ganz bis nach Neuseeland und von dort wieder heim. Er sagte, das würde ihr großes Abenteuer, ihr «Auslandsjahr», wie das der neuseeländischen und australischen Kids von Down Under, die auf ein Jahr nach Schottland kamen. Nur die Abenteurer wären in diesem Fall sie, sie würden das eine Ende der Welt gegen das andere eintauschen, mit nichts als ihren Rucksäcken und ihrer Wanderausrüstung, allem gesparten Geld und, irgendwo tief in einer von Karls Taschen vergraben, einem kleinen Diamantring.

Karl hatte ihr, als sie wieder daheim waren, verraten,

dass er seinen Antrag immer schon für Neuseeland geplant habe, so weit weg wie nur möglich, wo es, wie er sagte, «kein Zurück» gebe. Von wegen, hatte Elisabeth dann am Tag in den Borders gedacht, als sie sich dem Denkmal näherten und sie erkannte, dass es das gleiche war wie damals, denn jetzt nahm Karl ja doch alles zurück, sein Versprechen, seine Worte. Sich selbst. Dabei, denkt sie heute, kehrte er vielleicht nur zu dem zurück, der er einst gewesen war, dem Zweiundzwanzigjährigen, der schwor, nur mit ihr, mit der Einen, zusammen sein zu wollen, und zwar für immer, jeden Abend mit ihr ins Bett gehen und eng umschlungen mit ihr aufwachen zu wollen, als fürchtete er, sie könnte sich im Dunkeln von ihm lösen, vorsichtig eine Schulter und einen Arm aus seiner Umklammerung ziehen und entwischen, ehe er sie durch die Tür schlüpfen sähe ... Nur war die Eine nun nicht mehr Elisabeth. Sondern die Andere.

Und als sie das Borders-Denkmal erreichten, regte sich in ihr etwas. Nicht Burns' wegen. Nicht beim Anblick des toten Dichters dort auf seiner Plinthe oder wie immer das hieß, seiner Geburts- und Todesdaten oder der paar verwitterten Gedichtzeilen zu seinen bronzenen Füßen ... Es war vielmehr die Erinnerung an einen anderen Tag gewesen, ein anderes Standbild vor langer Zeit und an ein Gefühl in der Magengrube, seit Karl ihr den Ring angesteckt hatte, eine kleine dichte Verhärtung. Als hätte sie den Ring verschluckt, sei gezwungen worden, ihn zu schlucken. Als hätte ihr Karl ihn nicht etwa da irgendwo an einem Strand auf der Nordinsel einfach angesteckt, sondern ihren Kopf zurückgedrückt und ihn ihr in den Rachen geschoben wie einem Haustier eine Tablette ...

Daran hatte sie am Morgen jenes anderen Standbilds denken müssen. Dass heiraten sich anfühlte, als müsste sie etwas schlucken. Obwohl er sie auf die ganz normale Art gefragt und sie Ja gesagt hatte, und da waren sie nun in der anderen Hemisphäre und mitten in einem Streit um den Weg, weil sie am Steuer des Mietwagens gesessen hatte, während er mit der Landkarte auf den Knien einschlief, und sie hatte ihn nicht geweckt, um nachzufragen, als sie eine Gabelung am Fuß des großen Bergs erreichte, wie hieß er noch gleich, wo sie zu einer Wandergruppe stoßen wollten, die nächste Woche aufbrechen würde ... Der Gedanke hatte sie dort auf der Fahrt begleitet, während Karl an ihrer Seite leise schnarchte, es ließ sie nicht los, das Gefühl der kleinen Verhärtung von Karls Willen dort in ihrer Magengrube, das nicht nachlassen wollte.

Er war mürrisch gewesen, als er aufwachte, weil er in diesen Dingen gern das Sagen hatte, Kartenlesen, Richtungen vorgeben. Dabei hatte sie es, solange er schlief, ungemein genossen, einfach der Straße zu folgen und erst beim nächsten Straßenschild spontan zu entscheiden, ob so herum oder so herum. Sie hatte einen Wegweiser gesehen, auf dem in Klammern «Secret Lake» stand wie ein Gedichttitel oder eine Geschichte, mit Anführungszeichen, als handelte es sich um einen privaten Codenamen für einen besonderen Ort, und daneben war eine kleine Abbildung gewesen, ein stilisierter Mini-Wanderer, und darunter in kleinerer Schrift die Angabe: «Robert-Burns-Denkmal, ¾ M» und ein Pfeil. Dem war sie gefolgt.

Sie hatten ihn natürlich auf der Schule gehabt, Karl konnte sicher ein paar seiner Gedichte auswendig und mochte sie wahrscheinlich sogar. Aber er war von vornherein auf den Abstecher nicht scharf gewesen. Plötzlich an einer Stelle aufzuwachen, die nicht geplant war und nicht der vorgesehenen Route entsprach, sich auf einmal neben einem Picknicktisch und einem großen Gemeindemülleimer in einer kleinen Parkbucht mit Tafel wiederzufinden, die mit einer Wegbeschreibung zum See versehen war und der ungefähren Gehzeit, dem Konterfei Burns' und Informationen über ihn und weshalb er der Lieblingsdichter der Schotten sei.

Karl war noch, als sie ihre Wanderschuhe und -jacken anlegten, mürrisch – Jacken, obwohl die Winter dort so mild waren wie die Sommer daheim, selbst wenn die Leute gern von Kälteeinbrüchen und Wetterumschwüngen redeten und Elisabeth ringsum nur tiefblauen pazifischen Himmel und die Art Sonne sah, die einen bräunen würde, wenn man ein bisschen tanken wollte und Sonnenschutz auftrug. Von wegen Winter. Trotzdem hatte sie brav ihre Jacke übergezogen, wie er es verlangte, und sie trafen ihre üblichen Vorbereitungen – eine Dreiviertelmeile sei doch gar nichts, da wären sie schon wieder zurück, ehe er überhaupt von dem Gang etwas merkte, hatte sie im Scherz zu Karl gesagt, um ihn aufzuheitern.

Sie verriegelten den Wagen und hielten auf die Bresche im Busch zu, die als Zugang diente. Das Tageslicht schloss sich hinter ihnen wie eine Tür. Sie waren es inzwischen natürlich von den vorigen Wanderungen gewöhnt, das Dunkel, die dichte Vegetation, die hierzulande alles Licht schluckte. Sie verströmte einen ganz eigenen feuchten Moschusgeruch. Die Wege mussten gut ausgezeichnet sein, sonst verlor man blitzschnell die Orientierung; Farnkraut und -bäume bedrängten einen von allen Seiten, je tiefer man in den Busch vordrang, und die massigen alten Steineiben, *Totara* hießen die hier, wuchsen nicht wie Bäume in den Wäldern daheim, sondern schossen mitten aus der dichten, sie umschließenden Vegetation hoch ... Elisabeth musste bei dem Anblick an die Worte eines anderen von Burns sehr verschiedenen Dichters denken, ganz anders war der: «nicht Licht / vielmehr sichtbares Dunkel». Denn so war es, dort drinnen ins Dunkel zu spähen, das Dunkel zu sehen, wenn die Augen sich gewöhnten, aber es machte ihr nichts aus, als sie weitergingen, Karls Rücken direkt vor ihr auf einem Pfad, der leicht anstieg, als führte er auf einen Hügel, und dann wieder eben wurde. Es war tatsächlich ein Spaziergang gewesen. Die Beschreibung an der Tafel in der Parkbucht hatte mit der angegebenen Gehzeit nicht gelogen, nach rund zwanzig Minuten konnte sie durch lichte Stellen im Busch Zipfel leuchtenden Wassers erkennen, glitzernde Sonnenreflexe, und dann waren sie stehen geblieben, oder vielmehr Karl, und als sie aufschloss, sagte er: «Da ist er», und da war er, der «Secret Lake».

Später, Jahre später, als Elisabeth wieder an der Uni lehrte und wusste, wo «sichtbares Dunkel» herkam, nämlich aus dem Ersten Gesang des *Verlorenen Paradieses*, und warum sie Milton verehrte, hatte sie einen Essay entdeckt, in dem Rebecca West von genau diesem See sprach. Das war auch wie ein Geheimnis gewesen, festzustellen, dass noch jemand von dem Ort wusste und über ihn geschrieben hatte. Und sie hatte das Gefühl wiedererkannt, von dem im Text die Rede war, den frappierenden Anblick des plötzlich im dunklen Busch aufblitzenden Blaus, das Innehalten und Staunen über den sich ergebenden Gesamteindruck, das große Binnenwasser als heimliches Herzstück mitten in der Landschaft, dicht gesäumt von *Ponga* und *Totara* und *Manuka*, den Farnbäumen und Sträuchern, deren Namen sie sich damals bei ihrem Besuch im Land eingeprägt hatte ... Ein großer, offener, blauer See, eine Lage, die überall sonst auf der Welt die Menschen in Scharen anlocken und zu Picknicks in den kleinen Sandbuchten, Bootsfahrten und Wasserskirunden verleiten würde – hier blieb er verborgen.

Das Denkmal entdeckten sie sofort – unten am anderen Ende des Sees wie ein Juwel mitten in einen extra angelegten Rasen gesetzt. Sie hielten darauf zu, folgten dem Uferverlauf, wenn der Weg ans Wasser führte, und der letzten Biegung weiter oben im Busch, die schließlich auf den Rasen mündete. Das Standbild wirkte aus der Nähe zugleich größer und kleiner – der Dichter breitbeinig, die Hände in die Hüften gestemmt, den Kopf zurückgelegt, als hielte er das Gesicht in die Sonne, so hoch über einem selbst, dass man den Ausdruck im Gesicht nicht erkennen konnte, aber weit genug unten, um den Maßen nach noch lebensecht zu wirken ... Seltsam gegenwärtig irgendwie, die Figur des berühmten schottischen, hier in dieses ferne Land verpflanzten Dichters, blank poliert, mit einem eigenen gepflegten Rasen, ungeachtet des dunklen Wuchses dicht in seinem Rücken und des verborgenen, verlorenen, bis knapp vor seinen Sockel über den Sand spülenden Wassers, wo die Daten seiner Geburt und seines Todes festgehalten waren und abermals, unter ein paar Gedichtzeilen, das Epitaph «Lieblingsdichter der Schotten».

Sie hatte sofort ihre Jacke ablegen und bleiben wollen. Es war warm hier auf der Lichtung, in der Sonne warf das

Standbild einen tiefen, scharfen Schatten aufs helle Gras, und Elisabeth hatte sich gleich daneben ausgestreckt, T-Shirt und Hose abgestreift, die starke Sonne auf Kopf und Gesicht und Körper gespürt wie einen Puls, einen Takt, über sich der Zenit und vor sich nur Blau ... Es war wirklich wie Sommer, egal, was die Leute hier sagten, egal, was Karl sagte, der stehen geblieben war und sie, neben Robert Burns, überragte und sich weigerte, alle viere von sich zu strecken oder auch nur zu setzen. Aber sie hatte sich geräkelt, vollkommen entspannt, der Schatten des Dichters an ihrer Seite wie ein Gefährte, ihr Körper lang und schmal und sonnengetränkt dort im Gras.

Sie hatte noch in den Nachmittag hinein bleiben wollen. Sie hatte in der Wärme liegen und dem Plätschern des blauen Wassers am kleinen Strand lauschen wollen, der Stille ringsum und den flüchtigen Lauten der Vögel, die sich in den hohen Bäumen sammelten und die sie noch nie gehört hatte. Sie hatte den ganzen restlichen Vormittag bis in den Nachmittag, bis zum Abend bleiben wollen, bis die Sonne versank, und selbst dann noch verweilen ... Nicht an das nächste Etappenziel denken müssen, die nächste Landkarte, die zu konsultieren war ... Nicht auf Fragen antworten oder Entscheidungen treffen, sondern einfach in diesem Zustand wahrhaftiger Präsenz verharren, den sie gerade erlebte, wie vorhin im Wagen, als Karl schlief und sie den Abzweigungen ganz nach Lust und Laune gefolgt war, bis sie den Wegweiser entdeckt hatte und einfach ihren Augen gefolgt war. Es war, als könnte Karl ebenso gut auch jetzt noch schlafen. Als wäre er gar nicht da. Und sie merkte, dass die vorige kleine Verhärtung in der Magengrube, diese kleine, unverdauliche harte Nuss, Metallklumpen oder Knochensplitter, weg war und alles leicht und unkompliziert und warm.

Die Erfahrung, weiß sie heute, im Rückblick, in jenem Urlaub «vom Weg abgekommen» zu sein, wie Karl meinte, als er aufgewacht war und sich an einem unerwarteten Ort wiederfand, war alles andere als eine Verirrung. Sie ging vielmehr in dem Moment, wo sie sich ihr dort auf dem Rasen hingab, mit dem Gefühl einher, bei sich zu sein, zu wissen, wer sie war, was sie wollte, was sie nicht wollte. Dass sie nicht hochgezogen werden wollte, auf die Füße, wie Karl sie nun hochzog. Nicht wieder in den Busch eintauchen und das alles hinter sich lassen wollte, dieses helle, offene Geheimnis des Sees mit seinem seltsamen, einem Wink gleichenden Denkmal, als sei für alles gesorgt, der Rasen gemacht, die Bronze poliert und geputzt, bis sie in der Sonne blitzte ...

Und doch hatte sie sich hochziehen, die Jacke wieder um die entblößten Schultern hängen und die Hose reichen lassen. Sie hatte den nagelneuen Ring an ihrem Finger betrachtet und sich langsam angekleidet, während Karl vorausging und rief: «Komm schon! Komm schon! Diese ganze Eskapade war Zeitverschwendung!»

Aber die Einsicht, was jener Tag bedeutet hatte, stellte sich doch noch und dann vollends dreizehn Jahre später mit dem zweiten Denkmal auf dem winterlichen Berg in Schottland ein, dem «einzig richtigen» Ort, hatte Karl auf ihrer Borders-Wanderung gesagt, der letzten, die sie je zusammen unternahmen, «für eine Statue von Robert Burns». Da stand er, erinnert sie sich nun und ist sich ziemlich sicher, dass es das gleiche Standbild war, oder?

Denn so hatte doch alles angefangen. Bloß war das zweite Denkmal nicht gepflegt und blankpoliert wie das andere an jenem geheimen Ort, vielmehr war die müde Gestalt scheckig vor Flechten, und auf dem Sockel waren weder die Worte richtig zu lesen noch die Ziffern der Datumsangaben, alles verwittert, die Details verwetzt. Drum herum war eine Art Zaun errichtet worden, wozu? Um die Leute auf Abstand zu halten? Sie daran zu hindern, dem Standbild etwas zu tun? Schwer zu sagen, aber was immer der Grund, hier gäbe es kein Ausruhen in Burns Schatten. Gäbe es keine friedliche Stille, keinen Busch und dann Wasser, dann Grün.

Und da sagte sie zu Karl, wie sie es an jenem Tag vor so langer Zeit am Wasser hätte sagen müssen: «Nein.» Er redete noch immer. Stand herum und redete. Als hätte sie keinen Ton gesagt. Redete, wie er auf dem ganzen Hinweg über die kalten Hügel geredet hatte, legte noch immer seine Beichte ab, sagte aber wieder und wieder, sie würden das schon «hinkriegen», irgendwie – oder? Als alte Freunde, beste Freunde. Daran könnten sie festhalten, egal was. Die gleichen Interessen, die geteilten Hobbys. Das bliebe ihnen ja, daran könnten sie anknüpfen, das müssten sie aufrechterhalten ...

Aber dann sagte sie es noch mal, wie sie es längst hätte tun müssen, Nein. Sagte es endlich so, dass er es hören musste. Nein. Nein. Zwecklos, die Vergangenheit zu beschwören. Zwecklos, weiterzumachen. Oder festhalten zu wollen. Oder aufrechterhalten zu wollen. Nein. Nein. Und nein. Nein, nein, nein, nein und abermals nein. Als wären vielleicht sämtliche Seiten in allen Büchern auf dem Regal zwischen den beiden Buchstützen, die stumm dastanden wie kleine Standbilder, mit diesem einen einzigen Wort beschriftet. Nein. Sie hatte den Ring von ihrem Finger gedreht und ihn ins Gras fallen lassen. Karl wühlte noch auf Knien im Heidekraut nach dem bisschen Stein, als sie sich längst entfernte.

Dick

Mir saß die Scheidung meiner Eltern noch in den Knochen, da schenkte mein Vater mir ein Auto und lehrte
mich fahren. Das war kurz vor Beginn der Sommerferien, und es wurde schon heiß, und ich war zu jung, um
allein rumzugurken, aber mein Vater kannte in unserem
kleinen Ort alle möglichen Leute, und er hatte, wie er
sagte, «ein Wörtchen geredet». Wie mein Vater es mit
seinen Damen und seinen Kumpels eben so tat, über
Geldgeschäfte und Deals, damit er bekam, was er wollte,
damit er sich durchsetzte.

Bis zu der Sache mit dem Auto hatte ich das allerdings
nicht bedacht. Ich war kleingehalten, das war's nämlich –
weniger reif, als es meinem Alter entsprach, meines Vaters
wegen und wie er sich aufführte. Meinte jedenfalls mein
Bruder Michael. Wir seien beide ziemlich verkorkst, er
und ich, sagte Michael, wegen unseres alten Dad und unserer ins Ausland abgehauenen Mutter, die wir, wie sich
herausstellen sollte, fünfzehn Jahre lang nicht wiedersehen würden. Inzwischen behaupte ich mich zwar in der
Welt wie alle anderen, habe einen Beruf und eine ordent-
liche kleine Wohnung, aber irgendwo steckt in mir noch

das junge Ding von damals, das lernte, den Gang rauszunehmen, den ersten, dann den zweiten einzulegen. Langsam allein die Straße runterzurollen, an der wir wohnten.

Es gab einen Nachbarjungen, den ich von meinem Schlafzimmerfenster aus beobachtete und der in meinen Wachträumen eines Tages bei einer solchen Probefahrt zufällig hochschauen würde, wenn ich in meinem übertrieben schicken neuen Cabriolet zögernd vorbeikutschierte. Er hatte selbst ein Auto, einen wunderbaren alten Wagen, und er bastelte oft draußen vorm Haus daran herum, älter als ich, mit wildem blonden, mehr als schulterlangem Haar, und wie er dort in der Sonne in seinen abgewetzten alten Jeans und einem seiner schlabbrigen T-Shirts herumstand ... Selbst heute noch geht es mir so, dass ich nicht einmal seinen Namen aussprechen kann.

Davon wusste mein Vater nichts. Er ließ mich einfach jeden Tag nach der Schule von einem Fahrlehrer abholen und gleich loslegen – ich musste den Schlüssel im Zündschloss drehen und den Gang einlegen. Wir fuhren heim, mein Vater bezahlte den Mann und schickte mich dann zum Üben allein die Straßen rauf und runter, um den Block und über den Hügel an den Läden vorbei. Gelegentlich kam er sogar mit, mein Vater, so dringend wollte er mich fahren können sehen. Dann saß er dicht neben mir auf der winzigen Bank des Flitzers, den er mir gekauft hatte, sagte hier lang oder dort lang, sagte, was ich an der Ampel tun müsste ... sah aber auch ständig auf die Uhr und wollte zurück – zu irgendeiner Tussi, sagte mein Bruder, die im Schlafzimmer schon wartete. Oder irgendeiner anderen Verpflichtung. Und trotzdem fühlte ich mich ihm die paar Male nah, wenn er sagte: «Jetzt Kupplung» oder «Rückwärtsgang». Und selbst an Tagen, an denen er nicht mitfuhr, glaubte ich, an der Art, wie er mir nachwinkte, Fürsorge zu spüren. Als freute ihn die Vorstellung, dass ich bald für immer in dem Wagen auf meinem Weg wäre.

Die zwei Wochen bis zu den Sommerferien gingen also vorüber, und zweimal wartete, als ich vorbeifuhr, der Nachbarjunge irgendwie an der Straße – jedenfalls wollte ich mir das einreden. Machte an seinem Wagen herum, wenn ich in meinem an ihm vorbeikam. Zweimal sah ich ihn im Vorbeifahren hochschauen, sich das gelbe Haar ganz aus dem Gesicht streichen, wenn ich vom zweiten in den ersten Gang herunterschaltete und die Zeit sich verlangsamte und dann stehen blieb und der blaue Blick dieses langen Kerls auf mir ruhte. Und ich mir vorstellte, wie es wäre, jemanden dazu zu kriegen, dich zu lieben. Deinen Mund weit zu öffnen, um jemand reinzulassen.

Aber den Jungen sah ich dann nicht mehr an der Straße – oder wenn, habe ich daran keine Erinnerung. Denn mit dem Wagen stimmte was nicht – irgendetwas, sagte mein Vater, mit dem Motor, und er müsse gleich in die Werkstatt. «Es gibt gelegentlich Schwierigkeiten», sagte er, «mit diesen kleinen Cabrios. Manchmal funktionieren die Bremsen nicht richtig und dann gibt es kein Halten.» Ich weiß noch genau, wie er mich dabei musterte, mein blendend aussehender alter Dad. Er war, das weiß ich noch, schon auf dem Weg zur Hintertür. «Ich bringe ihn heut Vormittag in die Werkstatt», sagte er, «und du holst ihn dann nach der Schule gleich ab. Dick ist ein Freund. Der kümmert sich persönlich um meine Wagen.

Deinen macht er so rechtzeitig fertig, dass du selbst heim-
fahren kannst.»

Das ist lange her, ein Morgen, an dem sich für mich alles
veränderte, wie es sich vorher für meinen Bruder verändert hatte, aber er sprach nicht darüber, er verließ sein
Zimmer einfach nicht mehr und ließ nachts das Licht
brennen. Ein anderes Leben, könnte man sagen, ein Tag,
in den mein ganzes Leben eingeschlossen ist, ein Geheimnis, das ich nie verraten sollte. Selbst meine Mutter, als ich
sie dann endlich wiedersah, war keine, der ich mich hätte
anvertrauen, in der Weise offenbaren können. Als wir uns
begegneten, nachdem sie so lange weg gewesen war, waren
wir füreinander Fremde. Aber ich weiß noch, dass sie
sagte: «Man umgibt sich nicht mit der Sorte, ohne dass
es Konsequenzen hätte.» Sagte meine Mutter. «Nur hat
dein Vater, tja ... Mittel und Wege gefunden, die Auswir-
kungen dessen, was er tut, zu ignorieren. Oder was seine
sogenannten Freunde tun könnten.»

Sie hatte natürlich recht. Denn zum letzten Mal überhaupt habe ich mich an dem Tag ans Steuer gesetzt, an
dem ich von Dicks Werkstatt heimfuhr, und zeit seines
Lebens fragte mich mein Vater nicht nach dem Grund.
Obwohl er doch arrangiert hatte, dass es für mich so enden würde. Er hatte mir schließlich den Wagen besorgt,
obwohl ich nicht reif war, hatte dafür gesorgt, dass er
genau an diesem Tag in die Werkstatt musste und dass
die Werkstatt verlassen wäre, kein einziges Auto, keine
Mechaniker, keine Kunden in Sicht, als ich auf den leeren
Hof trat. Über dem Eingang das Schild mit der Aufschrift «Richard Clarke & Co.», aber im dunklen Büro

nur ein einziger Mann. *Dick ist ein Freund.* «Ich warte schon auf dich», sagte der.

Also bleibt mir heute nur die Erinnerung, trage ich Puzzleteile zusammen, längst erwachsen und sogar alt, und mein armer Bruder noch immer an dem Ort, wo sie ihn halten wie ein Kind. Und mein Vater längst tot, und die Tussis fort, und meine Mutter, tja, die tauchte, nachdem sie an dem einen Tag mit mir gesprochen hatte, nie wieder auf ... Du versuchst zu verstehen, nicht wahr? Schreiben Sie alles nieder, sagt man dir, dann kommen Sie zu einer Art Erkenntnis. Schreiben Sie alles bis zum Schluss auf. Lesen Sie sich die Geschichte laut vor.

Aber was mir bleibt, ist nichts anderes als das, womit ich angefangen habe – Autoschlüssel, ein «Wörtchen reden». Ein Geschenk. Ein Anfang, aber dann keine Worte mehr. Also ist klar, warum mit mir was nicht stimmt, warum der Junge an der Straße Wachtraum bleibt, Wunschdenken, warum mein Bruder nicht vor die Tür geht. Warum ich nicht zu Menschen hingehe, niemandem nahekomme. Es hat mit der Schweinerei an meinen Kleidern an jenem Tag zu tun, Öl und anderem, und meinem Vater, der mir daheim im Flur entgegenkam ... der mir nach dem, was passiert war, dem, was er passieren ließ ... in seinem wunderbar frischen Hemd ... mit einem Lächeln zurief: «Hi, Honey. Alles gut gelaufen?»

Es hat damit zu tun, plötzlich gewusst zu haben, was er längst wusste – dass er auch mich verdealt hatte, auch ich eines seiner «Geschenke» war, mächtiger alter blendend aussehender Dad –, aber nie und nimmer sagen würde. Welcher Preis ausgehandelt worden war. Welche Schuld ich beglichen hatte. Was Dick getan hatte.

Untreue

Der Morgen, als sie hinaustrat, war wie neu aufgelegt, als wäre alles, was es zum Tag brauchte, frisch geprägt. Das Gras war von diesem intensiven Grün, das man nur im ersten Sonnenlicht zu sehen kriegt, und die Blätter an den Bäumen waren eines ums andere scharf umrissen, blinkten wie Blechplättchen, der Himmel war von diesem gewissen Blau, das aussieht, als hätte jemand alles von vorn bis hinten mit einem Tuch aufpoliert.

«Frisch geprägt» – war genau der Ausdruck, der ihr in dem Moment einfiel. Das Cottage lag hinter ihr im Dunkeln, dort schlief Richard noch. Doch hier auf der vorderen Veranda bot sich ihr der ganze Tag dar, und das auf einen Schlag, der Fluss jenseits des Tors ein köstlicher Silberstreif im Leuchten des frühen Lichts.

Die Idee war – was? Baden zu gehen, mehr nicht. Umgehend in das herrlich frische Wasser zu steigen, das gleich dort vor dem Haus vorbeifloss. Ja, das war die Idee gewesen. Sie schreibt es jetzt, Jahre später, auf; die Kinder sind in der Schule, und sie nutzt diese Zeit dreimal die Woche, um zu schreiben. Darauf wird in dem Kurs, den sie besucht, viel Wert gelegt, eine Schreibroutine, sich also feste Zeiten und einen festen Platz zum Schreiben einzurichten und dabei zu bleiben. Die Kursleiterin, eine Frau Mitte sechzig mit einem langen Riemen dicker, geflochtener grauer Haare auf dem Rücken, Helen findet sie auf fast nie da gewesene Art anregend. «Schreibroutine!» – lautet ihr Mantra. «Sie werden nichts zustande bringen, bloß leere Reden führen, wenn Sie sich unter der Woche nicht – regelmäßig – die Zeit nehmen, ein Projekt anzupacken und dranzubleiben.»

Also – «Auf geht's!», sagt sich Helen eingedenk der Ermahnung und notiert den Titel: «Untreue» und den ersten Satz über den Morgen. Sie weiß genau, worum es in der Geschichte gehen soll. Es ist nämlich im Grunde gar keine Geschichte, sondern etwas, was ihr vor siebzehn Jahren selbst passiert ist, am ersten Tag ihrer Flitterwochen, gleich nachdem sie und Richard geheiratet hatten. Sie wird die Namen vielleicht ändern müssen, darüber hat sie schon nachgedacht, auch anderes möglicherweise. Und es gibt bestimmt Szenen, die sie ausbauen kann, damit das Ganze fiktional wird, letztlich. Das kann sie. Das wird sie.

Erst einmal aber soll der herrliche Morgen ruhig seinen Lauf nehmen. Wie schön es gewesen war! Ende Juni, da ist das Wetter in den Highlands immer ideal. Sie war sehr, sehr früh aufgestanden und hatte sich ein Kleid übergestreift, ohne sich um Unterwäsche oder Schuhe zu scheren. Wirklich? Ja, wirklich, obwohl sich «nicht zu scheren» und einfach so loszugehen für sie ungewöhnlich war, sie, die doch immer so aufpasste, so gründlich vorging. Nun, es war insgesamt wirklich ein außergewöhnlicher Tag. Es hatte in der Nacht geregnet, das hatte sie gehört, nachdem Richard eingeschlafen war. Sie waren lange aufgeblieben, ganz lange, hatten rumgemacht. Sich amüsiert, im Grunde. Sex in der Hochzeitsnacht – wie komisch, wie kitschig. Wie schon die Trauung vorher, die Riesenhochzeit, der ganze verrückte Aufwand. Irgendwann war es endlich überstanden gewesen, und sie hatten sich davonstehlen können, waren hergefahren und gegen Mitternacht eingetroffen.

«Ich seh nichts», hatte sie zu Richard bei der Ankunft gesagt. Dort auf dem Land am äußersten Rand der schottischen Westküste war es stockfinster. Die Straßen waren unmöglich, eng und gewunden. Rauf, runter, herum und herum. Am Horizont aufragende Berge und irgendwo ganz nah das Meer. Es gab nicht ein einziges Dorf, keine einzige beleuchtete Straße, überhaupt im Umkreis von vielen Meilen kein Licht.

«Ich seh nichts!», hatte sie ein zweites Mal geklagt, als sie das kleine Cottage betraten, das sie für zwei Wochen gemietet hatten.

«Sollst du auch gar nicht», hatte Richard erwidert. «Das sind die Flitterwochen, schon vergessen? Eine Überraschung.»

Und das war es. Überraschend in dem Maß, wie es sich für Flitterwochen gehörte. Etwa als sie an jenem Morgen zum ersten Mal vor die Tür trat und sich ihr alles darbot wie gemalt, wie es Richard versprochen hatte – die hübsche kleine Lodge am Fluss mit der Veranda und den paar Stufen hinunter in den großen quadratischen Vorgarten, gesäumt von Rabatten voller Margeriten und Nelken, und gleich dort, hinter dem Tor, der Fluss. Der Elgin.

Einer der schönsten Flüsse der ganzen Welt, hatte Richard ihr versichert, und der kannte sich aus. Mit Flüssen.

«Dass ich *vielleicht* auch mal die Rute raushalten will, geb ich ja zu», hatte er gemeint, als sie vor der Hochzeit darüber sprachen. «Es wär doch verrückt, eine Woche dort oben zu verbringen und nicht angeln zu gehen.»

«Da hast du allerdings recht», hatte Helen erwidert. Sie angelte selber ganz gern. Es gehörte zu den Dingen, die sie und Richard sich fürs Alter vorstellten, in ferner Zukunft, wenn sie viel Zeit hätten. Ihr Vater hatte sich bei seiner Hochzeitsrede darüber ausgelassen, wie viel Zeit sie nun zum Angeln hätten, wo sie sich niemanden mehr angeln müssten.

Selbstverständlich bot es sich an, hier oben neben den Picknicks, den Wanderungen und den Strandbesuchen auch angeln zu gehen. Sie würden es richtig schön haben. Helen liebte die Westküste, und Richard kannte die Ecke hier. Er war schon als Junge mit seiner Familie hergekommen.

«Schatz, ich hab da was», hatte er gesagt, «einmalig».

Genau das, wortwörtlich: «Schatz, ich hab da was», hatte er gesagt, «einmalig». Sie will die Details drin haben, in ihrer Geschichte. Der Kurs ist nächste Woche wieder, und sie will bis dahin so viel zu Papier gebracht haben wie möglich.

«Wesentliche Details», hatte Louisa beim letzten Mal gemahnt. «Kümmert euch nicht so um den Ablauf. Lasst euch von den wesentlichen Details leiten, lasst sie sich verdichten. Die ergeben nach und nach schon eine Geschichte. Ganz natürlich, organisch.» Sie hatte ihnen jede Menge Grace Paley und Carson McCullers und Virginia Woolf zur Lektüre empfohlen, zur Inspiration – die Kurzkurzgeschichten. Und Tennessee Williams, den sie, wie an anderer Stelle erwähnt und sozusagen in Versalien gesprochen, übrigens VEREHRE. Seiner stotterigen kleinen Sätze wegen, sagte sie. «Wegen der Art, wie sich sein Kleinklein addiert. Wegen des Triumphs der Idiosynkrasie.» Sie hatte ihren langen Zopf geschüttelt und gelacht. Texte von Sam Shepard lasse sie aus den gleichen Gründen gelten, sagte sie, Dramen wie Kurzgeschichten. «Das ist auch einer, der es versteht, die Geschichte aus dem erwachsen zu lassen, was die Figuren tun, nicht aus dem Kopf des Autors.»

Aber was, denkt Helen, wenn der Autor zugleich zentrale Figur der Geschichte ist und von vornherein weiß, was kommt? Wie sie selber ja heute weiß, was in diese kleine Geschichte gehört? Wie sie es weiß, weil das alles ihr passiert ist, weil sie aus dem eigenen Leben erzählt?

«Lassen Sie sich von den Details leiten», hört sie Louisa sagen. «Denken Sie nicht darüber nach, was passieren wird, bevor es passiert.» Also auf den Moment konzentrieren, dann am Anfang anfangen und durchziehen. Was war an dem ersten Morgen deiner Flitterwochen gewesen, dass das jetzt erzählt werden muss? Kannst du mir das mal verraten?

«Ja», sagt Helen laut. Vor ihr liegen leere weiße Blätter in einem ordentlichen Stapel auf dem Schreibtisch. Der Hausputz ist erledigt, alles geregelt, sie hat sich im Terminkalender den Tag freigehalten, freigeschaufelt, damit sie Zeit hat hierfür, fürs Schreiben. Es kann kaum später als sechs Uhr gewesen sein, früher sogar vielleicht. Im

Garten lärmten die Vögel, das Getöne war erstaunlich. Hieß es nicht auch «Morgenkonzert» – na, das konnte man wohl sagen. Helen hielt barfuß im feuchten Gras inne und sah in die Bäume hoch. Das Laub raschelte vor Geschäftigkeit und Vogelsang, flatternden Federn. Eine Amsel schoss in eine hohe Waldkiefer und verschwand zwischen den Nadeln. Erneut ertönte Geträller. Es war schlicht einer dieser Tage, die Vollkommenheit verspra-chen. Die Vögel wussten es. Die Bäume auch. Als hätte die ganze Welt nur darauf gewartet, dass die Braut vor die Tür trat und das Wunder schaute. Helen gefällt der Gedanke; das soll ein Leitmotiv der Geschichte sein. Sie hatte ihr Gesicht in die Sonne gehalten und die Wärme gespürt, selbst so früh schon. Sie war die Braut. Der ganze Tag wür-de einmalig werden. Zum Auftakt würde sie baden gehen.

Sie trug an jenem Morgen keine Uhr, die hatte sie für die Trauung abgelegt und dann weggelassen, was ein biss-chen leichtfertig war, aber ja, es war wohl so sechs oder gegen sechs. Es hatte in der Nacht geregnet, weswegen das Licht so rein war und leuchtend. Weswegen die Vögel so munter waren, der Fluss so silbrig sauber. Alles war reingewaschen und blank und ihr bereitet. Eine frisch ge-putzte Welt für die Frischvermählte, wie im Märchen, wie in Sagen. Helen hatte lachen müssen über die verstiegene Idee. Eine Braut – das allein schon, in der heutigen Zeit! Und die große Hochzeit am Tag davor, die Reden. Ihr Vater, der sie behandelt hatte wie ein Kind, die Mutter, die in der Kirche sogar weinte – sie hatte es gesehen!

«Mum, also ehrlich!», hatte Helen hinterher zu ihr ge-sagt, als sie sich für die Fotos aufbauten. «Ist doch keine große Sache.»

«Ich weiß, Schatz», hatte ihre Mutter gesagt, Helen eine Strähne aus dem Gesicht gestrichen und unter den Schleier geschoben und prompt wieder feuchte Augen gekriegt. «Ich weiß», hatte sie gesagt. «Es überkommt mich einfach.»

Und zwar weil das Ganze natürlich *sehr wohl* eine große Sache war. Es war eine Riesenhochzeit gewesen. Sie hatte ein Vermögen gekostet. Die ganze Zeremonie von A bis Z wie eine Hochglanzbroschüre, alles wunschgerecht, die Blumen, die Kerzen, die läutenden Glocken – wer hätte gedacht, dass die Vorführung sie zu solchen Mimen machen würde! Sie und Richard ganz in ihren Rollen aufgehen würden. Brautkleid immerhin. Dann sogar ein «Abreisekostüm»! Wie Kino, wie in den Hochzeitsmagazinen – wo doch sie und Richard vorher schon zusammengelebt hatten, Herrgott. Sie kannten sich fast fünf Jahre. Sie hatten alles lange geplant, alle hatten gewusst, dass sie heiraten würden. Eigentlich keine große Sache, oder? Tja, sollte man meinen, war es dann aber doch. Gerade deshalb hatte Richard auf zwanglosen Flitterwochen bestanden. «Irgendwo, wo wir hinterher gleich hinfahren können», sagte er, als sie alles besprachen. «Wo's entspannt ist, simpel. Wo wir von der Feier aus leicht hinkommen, keine Hotels, Flüge oder so. Keine Sorge, ich finde schon was.»

Richard, Richard, Richard. Vielleicht sollte sie die Geschichte «Richard» nennen, nicht «Untreue». Weil er darin der Anker ist, Richard, derjenige, der alles, was geschah, realistisch macht, glaubwürdig. Angenommen, Helen schriebe über ein anderes Paar, eine andere Frau …

Weitere Informationen zum Verlag Freies Geistesleben
und seinen Büchern finden Sie im Internet:
www.geistesleben.com | www.facebook.com/geistesleben

☐ Bitte senden Sie mir das aktuelle Gesamtverzeichnis

☐ Ich bin auch an E-Books interessiert

☐ Schicken Sie mir bitte Ihren monatlichen Newsletter

☐ Hiermit stimme ich zu, dass der Verlag die unten genannten Daten zur Abwick-
lung des Auftrages verarbeiten darf. Im Rahmen der Auftragsverarbeitung ist
möglicherweise eine Weitergabe an Dritte erforderlich. Unsere Datenschutz-
erklärung können Sie unter: www.geistesleben.com einsehen.

Unterschrift

E-Mail:

Absender:

Name

Straße / Postfach

Postleitzahl / Ort

Deutsche Post ✖
WERBEANTWORT

An den
Verlag Freies Geistesleben
Postfach 13 11 22
70069 Stuttgart

Bitte ausreichend
freimachen

Liebe Leserin, lieber Leser,

mit dieser Karte können Sie uns Ihre Fragen und Wünsche
oder Ihre Meinung zum Buch mitteilen.

Diese Karte entnahm ich dem Buch: _____

Meine Meinung zu diesem Buch:

Ich habe folgende Fragen / Wünsche:

☐ **Ich bin damit einverstanden, dass meine Meinung eventuell veröffentlicht wird.** (Ggfs. bitte ankreuzen!)

Da würde sich doch nichts anfühlen, als wäre es wirklich passiert, oder, nichts authentisch und wahr? Sie würde die Geschichte vielleicht nicht mal erzählen können. Aber mit Richard darin, mittendrin im Geschehen, ihrem eigenen Mann – da brauchte sie nur dafür zu sorgen, dass die Fakten stimmten, dass sie als Ausgangspunkt Normalität und Alltag hatte, im Hintergrund die Geschichte ihres gemeinsamen Lebens und wie sie immer dasselbe gewollt, dieselben Vorstellungen vom Leben gehabt hatten, von ihrer Hochzeit und den Flitterwochen. Es war schließlich Richard gewesen, der sie zu dem Schreibkurs ermutigt hatte, jetzt, wo die Kinder größer waren und sie nicht die ganze Zeit daheim sein musste, sich um den Haushalt und sie alle kümmern. Wo sie den einen oder anderen Kurs belegen konnte, sich später, wenn sie wollte, einen Job besorgen, der mit Schreiben zu tun hätte. Sie hatte doch immer schreiben wollen, oder nicht? Nun, dann war doch jetzt die Gelegenheit, bot sich mit dieser Geschichte – der ersten, die sie von Anfang bis Ende durchziehen wird für den Kurs nächste Woche. Alles zuvor waren Fingerübungen gewesen, Vorbereitungen für das hier. An eine komplette Kurzgeschichte hat Louisa ihnen bisher nicht einmal zu denken erlaubt, bis jetzt, Mitte des ersten Trimesters. «Lassen Sie sich von den Details leiten», hatte sie zum Ende der letzten Stunde gesagt. «Überlegen Sie, was zuerst war, und ziehen Sie durch.»

Drinnen schlief Richard noch. Und vorhin hatte Helen selbst noch im Schlafzimmer im Dunkeln bei ihm gelegen und seinem Atem gelauscht.

«Mein Mann», hatte sie gedacht, und es war so angenehm, so behaglich und real, die Wörter in ihrem Kopf nachklingen zu lassen, dass sie sie laut vor sich hin flüsterte wie ein Geheimnis, hatte den Silben im Mund nachgeschmeckt, dem sanften Druck der Konsonanten an den Lippen. «Mein Mann.» Und dann, später, hatte sie den Regen gehört und wohl doch noch etwas geschlafen. Ehe sie sich versah nämlich, waren ihre Augen offen und fiel Licht durch den Spalt zwischen den Gardinen, hörte sie Vogelsang hinter dem halb offenen Fenster, und im Nu war sie auf gewesen und angezogen, aber ohne Schuhe, ohne Wäsche.

«Details, entscheidend sind die Details», sagt sich Helen. Denn das *waren* sie doch, oder nicht? Zum Beispiel, dass sie nur notdürftig bekleidet war, weil sie eben vorhatte, in den Fluss zu springen, darauf eingestellt, sozusagen, sich zu entblößen, dem Tag hinzugeben. Zum Beispiel, dass sie so loszog, zu dieser ungewöhnlichen Stunde, dass sie eine Stelle am Fluss suchen wollte, die tief genug war für einen Kopfsprung. Ins Wasser tauchen, zurückkehren und zu Richard ins Bett schlüpfen, nackt und feucht und kalt, dann würde Richard nämlich aufwachen, er würde sich ihr zuwenden und auf seine typische Art ganz verschlafen sagen: «Ach, hallo, du ...» Ja, das hatte sie gewollt. Ihn schlafend im dunklen Haus zurücklassen und dann wiederkommen.

Richard. Richard war wunderbar. Die Hochzeit war wunderbar gewesen. Die Lodge, die er für sie entdeckt hatte, war auch wunderbar, so, wie er es versprochen hatte. Gestern Nacht hatten sie davon nicht mehr viel mitgekriegt, weil Richard kein Licht gemacht hatte, weil das zur Überraschung gehörte und sie sich folglich hatten hochtasten müssen ins Schlafzimmer, ins Bett. Die Gardinen waren zugezogen, aber die Hausverwalterin hatte das Fenster einen Spaltbreit offen gelassen, und so kam Luft herein und etwas von der Nacht, den kleinen Geräuschen, intim und gedämpft ... Erst am Morgen, als sie aufwachte, sah Helen, wie wunderbar alles war, wie aufmerksam hergerichtet von der Hausverwalterin, Isobel hieß sie, die Milch und Brot besorgt, Kaffee in den Kühlschrank gestellt hatte, Wicken in einen Krug auf den Küchentisch. Und draußen gab es den herrlichen Garten mit den Rabatten voller Margeriten und Lilien und Rosen, allen möglichen Pflanzen, die man sonst in den Highlands nicht in den Gärten fand.

Aber die Lage war schließlich auch sehr geschützt, nicht? Hier? Das Meer eine halbe Meile weg, eine hohe Hecke ums Grundstück, die den Nordwind abhielt ... Kein Wunder, dass hier einfach alles wuchs. Der Ort war aus der Welt gefallen, so anders als anderswo, so besonders. Helen öffnete das kleine Gartentor, und dort, direkt vor ihr, lag der Fluss. «Als klopfte das Wasser an die Tür», hatte sie den Kindern gern erzählt, ach unzählige Male, als sie klein waren und die Geschichte hören wollten, wie sie und Richard geheiratet hatten. «Es war ein hübsches kleines Cottage mit Garten und Gartentor und dahinter dem Fluss», sagte sie ihnen. Und schloss oft mit den Worten: «Eines Tages fahr ich mit euch hin», obwohl sie hundertprozentig wusste, dass sie das nie tun würde. Dort floss er hin, der Elgin, glitt in glasigen Rutschen trägen Wassers vorüber, dunkel und torfig und tintig blau, die Ufer sanft geneigt, mal ausgespart zu einer

Bucht mit schmalem Strand, mal durchsetzt mit Fels-
brocken oder übergehend in Weiden und, von zentraler
Bedeutung für Helens Geschichte und sehr, sehr schön,
aber auch verheerend – ist das Wort, das ihr einfällt, das
am ehesten passt, auch wenn sie nicht recht weiß, ob sie
das Wort in der Geschichte verwenden wird. Sie weiß
nicht einmal, warum ihr das Wort eingefallen ist. Es ist
ein erschreckendes Wort.

«Es war so schlau von eurem Daddy, diesen magischen
Ort für unsere Flitterwochen zu finden», hatte sie oft zu
den Kindern gesagt, vor etlichen Jahren, als sie noch klein
waren. Ella war zu der Zeit wohl erst im Krabbelalter,
die anderen beiden bereits in der Schule. Wie oft würden
sie noch von den Flitterwochen ihrer Eltern hören wollen? Ella nahm den Daumen aus dem Mund, brabbelte
«Honichmon» und lutschte dann weiter. Denn es war
natürlich wunderbar, es zu sagen, es zu denken, Honig-
mond, Flitterwochen, und *er* war wunderbar, Richard
war wunderbar. Er dachte an alles. Er war einfach so,
immer gewesen.

«Ich weiß, wo wir hinfahren, Helen», hatte er Monate
vor der Hochzeit eines Abends daheim beim Essen ver-
kündet. «In die Flitterwochen. Ich hab da was. Ich war
schon als Junge dort. Die Adresse kriege ich von Mum
und Dad, die haben sie bestimmt noch. Ganz im Westen,
oben im Norden, ein Stück Inland mit einem eigenen
Fluss, dem Elgin, oder jedenfalls einem Abschnitt von
ihm. Fließt direkt vorm Gartentor vorbei. Wir können
angeln, wir können baden … Das Cottage liegt abseits,
keine Nachbarn, niemand weit und breit. Da sind wir
ganz für uns. Wir brauchen keine Menschenseele zu

sehen. River Lodge heißt das Cottage, glaube ich, oder so ähnlich. Ich erkundige mich.»

Und das tat er, und er hatte da wirklich was, einmalig, weil sie dort nämlich direkt von der Hochzeitsfeier hinfahren konnten und er mit der Hausverwalterin alles so geregelt hatte, dass sie spät eintreffen würden und nur ins Bett zu fallen brauchten.

«Zwei Wochen ganz für uns ...» Richard hatte über den Tisch hinweg nach ihrer Hand gegriffen und Helen sanft um den Tisch herum gezogen, bis sie auf seinem Knie saß, und sie hatten sich geküsst.

«Bis wir dort hinkommen, bin ich verheiratet», hatte Helen gesagt. «Es wird sein wie jetzt, wir beide zusammen, und doch anders.»

«Das will ich meinen», erwiderte Richard.

Es lag Tau auf dem Rasen. Helens nackte Füße hatten herrliche Abdrücke hinterlassen. Frisch in der Frische des neuen Tags. Von der Frischvermählten. Das waren so die Gedanken, die Worte, die ihr durch den Kopf gingen. Da die Fußabdrücke, dort die in ihren Baum heimkehrende Amsel. Da der so frisch anmutende neue Tag. Wie war das noch, «frisch geprägt»? Sie hält Momentaufnahmen fest, Bilder dessen, was sie im Verlauf dieses Morgen wahrnahm, als sie das Gartentor entriegelte und hinaustrat auf den kiesbestreuten Weg, der in Weidegras überging. Sie erinnert sich, wie ihr an jenem Morgen bestimmte Ausdrücke – frischvermählt, frischgebacken, frisch geprägt und so fort – tatsächlich als Wörter eingefallen waren, nacheinander, so wie Wörter hier einander auf der Seite folgen. Wo sie nun Jahre später sitzt und sie aufschreibt.

Viele Jahre später. Vier Kinder später, das jüngste inzwischen in der Oberstufe, also keine Ausflucht mehr möglich, etwa dass sie sich daheim um den Haushalt und die vier und auch Richard kümmern müsse. Also hatte sie den Kurs belegt, den sie online entdeckt hatte, akademisch ausgewiesen, ein richtiger Schreibkurs für Leute, die sich mit Büchern auskannten, die sich wirklich für Romane und Kurzgeschichten interessierten und Erfahrung hatten, erste Abschlüsse und so, in Literaturwissenschaft meist. «Du wolltest es doch immer schon mit dem Schreiben probieren», hatte Richard gesagt, als sie gemeinsam überlegten. «Mach doch. Mach gleich einen Abschluss, wenn du willst! Wer weiß, wo das vielleicht hinführt, Schatz.»

Richard. Richard, Richard, Richard. «Ach, hallo ... du», sagte er immer noch manchmal, wenn sie bei ihm im Dunkeln aufwachte, wenn sie sich einander zuwandten und er die Rundung ihrer Schulter umfasste, wie er es immer getan hatte.

«Ich liebe dich sehr», sagte sie ihm dann.

«Ihr beide habt so eine tolle Ehe, eine tolle Lebensgemeinschaft», sagte ihr Celia Walgrove, mehrfach sogar, dabei kannte Helen Celia Walgrove gar nicht so gut, mochte sie aber sehr. Sie hatten sich bei Schulveranstaltungen kennengelernt und auf Anhieb verstanden, sie war die Mutter der besten Freundin von Lizzie – die Mädchen würden auf dieselbe weiterführende Schule gehen.

«Ihr seid so ... im Einklang», sagte Celia. «Das gibt es selten.» Sie selbst hatte gerade eine Scheidung hinter sich. «Du und Richard. Ihr seid ein tolles Paar.»

Und das waren sie. Helen hatte gleich bei ihrer ersten

Begegnung mit Richard gewusst, dass sie sich immer verstehen würden, so wie sie gewusst hatte, dass sie und Celia sich verstehen würden, dafür hatte sie ein Gespür, in vielen Belangen untrüglich, wusste vernünftig vorzusorgen, realistische Pläne zu machen, sodass sich alles fügte und deutlich zum häuslichen Wohlbefinden beitrug. Auch an jenem Morgen in den Highlands hatte sie, als sie hinaustrat an den Fluss, in die Sonne, ein Gespür für all das gehabt, was kommen würde. Die Zufriedenheit. Die Kinder. Die langen, langen Jahre. Als wäre es ihr und Richard gelungen, Zugang zu etwas zu finden, was nicht für jeden erreichbar oder vorstellbar war. Sie hatte es an jenem Morgen vor so vielen Jahren gespürt, als sie aufstand und sich ankleidete, als sie durch die Tür trat, um ins Wasser zu springen und ohne ihn und für sich zu sein ...

«Ihr beide lebt vor, wie Ehen Bestand haben können», sagte Celia oft. «Ihr beide kriegt es hin.»

Es würde ein wunderbarer Sommer werden. Als sie den kleinen Garten hinter sich ließ, die River Lodge, die Blumenrabatten und den Rasen, nahm Helen die kommenden Monate der Sonne und Gärten und grünen Rasen vorweg. Die Bäume waren dicht belaubt. Junihochzeiten waren die besten, sagten die Leute. In England wie in Schottland war das Wetter im Juni am beständigsten. Lange Abende, jede Menge Licht. Sie und Richard hatten sich ewig, ewig schon darauf geeinigt, dass sie, wenn sie heirateten, im Juni heiraten wollten. Die Lodge und der Garten zeigten sich jetzt von ihrer besten, sehr gepflegten Seite. Sie selbst hätte wahrscheinlich alles ähnlich gestaltet, was wohin zu pflanzen war, welche Sorten, die Anlage des Gartenwegs und das kleine weiße Tor. Vielleicht hatte sogar einst in dieser Lodge, dachte Helen, ein Paar ganz wie sie und Richard gelebt, denk nur, eine andere Frischvermählte, die früh an einem Sommermorgen aufstand, um einen Pakt mit der Zukunft einzugehen – das wäre auch eine Geschichte. Diese andere Frau hätte schulterlanges braunes Haar wie sie, würde Baumwollkleider bevorzugen, wie sie sie trug. Sie würde ebenfalls vier Kinder kriegen wollen, erst einen Jungen, wie es sich gehörte, dann drei Mädchen, würde ebenfalls mit so einem langen Schlaks verheiratet sein, der beim Autofahren eine Brille trug. Der die liebenswerte Angewohnheit hatte, die Nase krauszuziehen, wenn sie ihm lang und breit etwas Verwickeltes erklärte, über die Kinder oder Schulen oder die Termine der jeweiligen Woche, etwas, was einen Vergleich und Abgleich ihrer Kalender erforderte, und der so tat, als wäre er sich nicht ganz sicher, ob er wirklich verstand, was sie mit den speziellen Stickern meinte, die zum Terminkalender gehörten, der eine für diese Tätigkeit, der andere für jene, und der ihr betont langsam antwortete.

«Okay, wenn ich dich richtig verstehe, willst du damit sagen ...»

Entscheidend sind die Details, denkt Helen. Richards krausgezogene Nase, wie eben beschrieben. Die Tatsache, dass er zum Autofahren immer schon eine Brille gebraucht hatte. Ihr geregeltes Leben mit ihm und den Kindern, wobei von den Kindern möglichst wenig vorkommen sollte – sie waren nicht Teil der Geschichte. Bis auf die Tatsache, dass Lizzie jetzt in die Oberstufe kam, weswegen Helen überhaupt Zeit hat zu schreiben, und

Ella schon zwei Jahre weiter ist, über ihr Rose, und David bald ganz mit der Schule fertig ... Trotzdem. Nein. Es geht nicht um Familie, es geht um den ersten Tag ihrer Ehe. «Untreue». Der Titel war plötzlich da gewesen, als könnte es vielleicht nicht bloß eine Geschichte, sondern eine ganze Sammlung von Kurzgeschichten werden. Ein Zyklus sogar mit einem roten Faden, nämlich Geheimnisse, die Menschen haben, die verschwiegenen heimlichen Dinge, die sie tun. Also von vornherein «Untreue». Nicht «Richard». «Untreue» von Anbeginn an, Helen, die am ersten Morgen ihrer Ehe vor ihrem Mann aufwacht, und der Fluss dort direkt vor dem Tor wie ein langer Knochen, der die Geschichte stützt und ihr eine bestimmte Gestalt verleiht und ja, auch etwas bedeutet, entscheidend ist für die Erzählung, dafür, wie sie sich entspinnt, denn als sie an jenem Morgen flussaufwärts ging, am Ufer entlang, um die richtige Stelle für ihren Kopfsprung und ihr Bad zu finden, war Helen um eine Biegung gekommen und hatte vor sich in der Ferne jemanden gesehen; er schien zu angeln.

Oder hatte geangelt und seine Rute schon abgelegt.

Oder angelte gar nicht. Hatte nie geangelt.

Spielt keine Rolle. Wichtig ist hier nur, entscheidend für Helens Schreibprojekt ist nur, dass er, kaum hatte er sie erblickt, auf sie zuhielt.

Helen kommt der Gedanke, dass sie ihre Geschichte auch damit hätte eröffnen können: einem Mann, der am Fluss angelt, der gerade den Köder einholt und im selben Moment eine junge Frau auf sich zukommen sieht. Oder damit, dass er sie sieht und daraufhin den Köder einholt, die Fliegenrute ablegt, mit der er am Ufer gestanden hat, und auf sie zuhält. Denn von Anfang an war es, könnte sie schreiben, als kennte er sie. Weil er so zielstrebig auf sie zukam – von Weitem zunächst, aber innerhalb von Sekunden immer näher und näher, nah genug, um sehr genau zu erkennen, was für ein Mann das war, wie gebaut, wie alt, wie gestrickt, und weil sie, Helen, während sie ihn beobachtete, obwohl es ein Schock war, dieser Fremde, der sie holen kam, überhaupt keine Angst hatte.

«Mir war, als hättest du auf mich gewartet», sagte sie zu ihm, als er neben ihr stand.

«Ich weiß», sagte er.

Aber Moment. Helen hält inne, legt den Stift weg. So nicht.

«Fangen Sie am Anfang an», sagt Louisa ständig, und so hat sie es gemacht. *Der Morgen, als sie hinaustrat, war wie neu aufgelegt* – das war die Art Geschichte, die ihr vorschwebte, und den Teil hat sie ja schon, der ist abgehakt. So aufgeräumt und gut sortiert wie ihr Wäscheschrank, sozusagen, und so soll es ja sein. Also fang jetzt nicht an, über einen anderen Ablauf nachzudenken und die ganze Story zu verändern. Denn sie soll doch stets mit der Realität oder der Behauptung einer Realität beginnen – der Erinnerung an einen einmaligen Morgen an einem herrlichen Fluss und einen Moment, dem sie sich vor so vielen Jahren ganz überlassen hatte. Indem sie etwa ihr Kleid ablegte und ins kühle Wasser stieg. Das hatte der Kern der Geschichte sein sollen, immer schon, der Anfang von allem und das Herzstück. Dann, so die Idee, würde sie ausschmücken, würde etwas einbauen, das das

Ganze zur Fiktion machte – eine Begegnung, einen Kuss. Es «Untreue» nennen. Es gäbe eine Umarmung, eine Affäre, dramatisch, leidenschaftlich ... so etwa. Sie lernt immerhin kreatives Schreiben, Herrgott. Also bitte nicht «Mir war, als hättest du auf mich gewartet», wie sie es eben niedergeschrieben hat, und nicht, dass sie «überhaupt keine Angst» hatte.

Tja, aber nun stehen sie da, die Sätze, also vorerst lassen und erst einmal die Geschichte vorantreiben, sich damit begnügen, dass sie ihn deutlich sah, diesen Fremden, ihn richtig sah, als er die Stelle erreichte, an der sie am Ufer stand. Dann kann sie ihn beschreiben: ein hochgewachsener Mann, gut gebaut, leicht übergewichtig, leicht gebeugt. In Anglerkluft – aber ohne etwas von seiner Ausrüstung mitzubringen, als er sich ihr näherte. Helen hatte einfach dagestanden und zugesehen, wie er immer näher kam. Sie erinnert sich an das Gras unter ihren nackten Sohlen, etwas Lehm. Sie stand immerhin an der tiefsten Stelle des Flusses, der, wo sie am ehesten würde baden können. Das Wasser lief in einem einzigen Rutsch neben ihr her, einladend, und eben noch hätte sie ihr Kleid abgestreift und wäre in den wunderbar trägen Strom hinausgewatet.

Und «Böschung»...

Was für ein Wort, ein wunderbares Wort. Darüber könnte sie etwas nachdenken, über die «Böschung» und ihren Stellenwert in der Geschichte. Das wäre hilfreich. Eine größere Hilfe an diesem Punkt, als zu entscheiden, ob lieber diese oder jene Szene vorkommen sollte, oder ab wann sie ihre Geschichte eigentlich ins Fiktive übergehen lassen will. Lieber sollte sie über das Detail ihrer Position auf der Flussböschung nachdenken – als könnte die Böschung sie dort eine Zeit lang zurückhalten, daran hindern, weiterzugehen. Helen begreift, dass sie die ganze Geschichte eigentlich mehr und mehr als Konstruktion sieht, gebastelt aus ihrer Erinnerung und dem, was an jenem Morgen geschah, und den Wörtern, die sie wählt, um es zu beschreiben, noch mehr Wörtern. Also der Fluss. Die Böschung. Der Mann, der zunächst weiter flussaufwärts gewesen war, dort *vielleicht* geangelt hatte. Das sind alles entscheidende Wörter. Doch die Wörter stehen allmählich auch dem im Wege, was sie erzählen will mit ihrer Geschichte, als wollten sie sie von der vorgesehenen Richtung abbringen und stattdessen etwas in ihrem Innern bloßlegen – sie entblößen –, dadurch, zum Beispiel, dass sie unter dem Baumwollkleid nichts anhatte und keine Schuhe, und ihre Füße schon in Lehmschlappen, ihre langen, knochigen Füße damit umkleidet, dort auf der Böschung, als sie ihn auf sich zukommen sah. Und schon wieder «Böschung». Gemerkt? Sie möchte die Geschichte auf der Stelle mit diesem Wort beenden. Es ist ein herrliches, herrliches Wort. Es erhebt sich über dem Flussbett, und sie möchte sich nur noch hinlegen. Diesen Mann in die Arme schließen, den sie im Leben noch nie gesehen hat, seine Wärme und seinen Geruch einatmen, ihn in die Arme schließen und sich von ihm hinbetten lassen.

Sie hebt den Stift weg. Was passiert da eigentlich? Nichts davon sollte in die Geschichte rein. Nur was real ist, schon vergessen? Was wirklich passiert ist, dann etwas ausschmücken und dann zum Schluss kommen. Das soll sie machen. Von der Erinnerung an das ausgehen, was geschah, und dort anknüpfen. Dass er auf sie zukam, als kennte er sie, als erkennte er sie wieder. Obwohl er sie keineswegs kannte. Obwohl sie sich fremd waren, Fremde. Aber da stand sie nun mal. Da stand er. Und er hatte geangelt, nicht? Hatte sie ihn nicht angeln sehen? Eine Silhouette im Gegenlicht – Scherenschnitt mit Goldrand. Helen verstand vom Angeln genug, um zu wissen, dass er, wenn er die Angel ausgeworfen hatte, seine Schnur bereits wieder eingeholt und die Rute abgelegt haben musste, um bei ihrem Anblick so schnell auf sie zugekommen sein zu können. Oder wenn er nicht geangelt hatte, musste er auf den Augenblick gewartet haben, wo sie um die Biegung kam, und gleich losmarschiert sein. Bei nochmaligem Überlegen findet Helen die Geschichte besser, wenn er tatsächlich geangelt hat. Es verleiht seiner Gegenwart dort am Flussufer größere Glaubwürdigkeit, oder nicht, so früh am Morgen? Macht sie realer? Sie könnte schreiben, beide seien sie, gerade weil er angelte, so leise gewesen, hätten einander nicht zugerufen. «Hallo!» oder «Ach, sind Sie in der River Lodge?» So in der Art, joviale, nichtssagende Worte. Denn am Wasser still zu sein gehörte dazu. Angeln verlangte Ruhe und List. Das hatte sie von Richard gelernt, von ihrem Vater. Sie angelte gern, liebte das Fliegenfischen vom Ufer aus. Oder einem Ruderboot manchmal. Sie mochte das Gerede darüber, über Fliegen und das Wetter, die Jahreszeit. Also ja, er könnte deswegen zu ihr gekommen sein. Um sie wissen zu lassen, dass er einem dicken Fisch auflauere, einem kapitalen Lachs in der Tiefe, wenn sie also bitte sehr, sehr leise sein oder gehen könnte. Das ist es, denkt Helen. Sicher hatte er seine Rute weggelegt, um auf der Uferböschung zu ihr herüberzukommen und ihr zu sagen –

«Nein», sagt Helen laut. Details, schon vergessen? Louisas Regel? Details müssen rein, aber sie müssen auch stimmen. Und in Wahrheit gab es keinen Fisch, keine Ausrede, keine andere Erklärung als das, was bereits geschrieben steht. Er kam, um bei ihr zu sein, mehr braucht Helen nicht.

«Mir ist, als hättest du auf mich gewartet», hat sie geschrieben.

Und –

«Tut mir leid, dass ich Sie so überfalle –»

Könnte er gesagt haben.

Jetzt hat sie es hingeschrieben, dass er das gesagt hat.

Tatsächlich aber hat sie keinerlei Erinnerung, was er sagte, als er sie erreichte, was sie gesagt haben mochte, denn bewusst ist ihr nur, dass er von dort, wo er eben noch gestanden hatte, schnurstracks zu ihr gekommen war, ganz nah herangekommen, und dass sie ihn hatte in die Arme schließen wollen, ihr Gesicht in seine warme Halsbeuge drücken, seinen Geruch einatmen, die Wärme seiner Haut spüren. Und es kann durchaus sein, dass er sie für eine andere hielt, sodass er ihr entgegenkam, weil er eine andere Frau sah, nicht sie, und daraufhin zu ihr sagte: «Oh, tut mir leid. Ohne Brille bin ich blind. Ich habe Sie verwechselt», und so kann auch sein, was sie geschrieben hat – dass sie gesagt habe: «Mir war, als hättest du auf mich gewartet» –, das alles spielt keine Rolle. Jetzt, wo sie hier mit ihrem Stift und dem Papier sitzt. Ihr wird klar, dass sie an diesen Teil der Geschichte keine weitere Erinnerung hat, die sie aufschreiben könnte, nur seinen Geruch festhalten kann, den goldenen Ton seiner Haut – des Halses, der Arme. Er trug ein weiches dunkelgrünes Hemd mit bis zu den Ellbogen aufgekrempelten Ärmeln und eine Weste, eine Anglerweste ... Aber kommt es auf Details dieser Art an, Louisa? Ergeben sie ein Bild? Helen bemüht sich nach Kräften, aber so war die Geschichte eigentlich nicht gedacht. Nur dass er ein Fremder war, das war ursprünglich die Idee gewesen, und dass ihrer Vorstellung nach so etwas anfangen könnte zwischen einem Mann und einer Frau, erfunden werden könnte ... Weshalb sie sich ja überhaupt vorstellen konnte, das zu schreiben. Namen ändern wahrscheinlich, und manches andere. Sie konnte nur eine Geschichte mit dem Titel «Untreue» schreiben, die auch Richard lesen könnte, weil die Dramatik erfunden wäre, fiktiv. Denn sonst ergibt das, was ihr an jenem Morgen am ersten Tag ihrer Ehe widerfuhr, überhaupt keine Geschichte, oder?

Oder?

«Bitte?»

Das kann sie schreiben. Dass sie auf seine Bemerkung: «Tut mir leid, dass ich Sie so überfalle», erwidert hatte: «Bitte?» Sie könnte sich auf dem Papier so antworten lassen, mit diesem einen Wort, und beschreiben, wie jede Sekunde ihrer Begegnung wie eine sich im endlosen Strom der Zeit absetzende Sekunde war und sie in jeder gefangen.

«Bitte?»

Und Details wie seine sonnengebräunten Arme, das weiche Hemd. Machen die das so «immens wichtige Kleinklein» aus, das im Werk Tennessee Williams' so zentral ist, wie Louisa immerzu meint? Kurze Monologe, Dialogfetzen, so ähnlich, wie Sam Shepard sie habe, obwohl der auch lange Monologe schreibe.

Und dass er gesagt hat: «Ich habe Sie von dort hinten, von Weitem schon gesehen.» Das kann sie schreiben.

Und dass sie zu ihm irgendwann zwischen allen anderen Sätzen sagte, was sie aber vielleicht erst später einbauen sollte: «Mir ist, als hättest du auf mich gewartet.» So vielleicht? Doch sie weiß nicht recht, ob sie sich das in der Geschichte überhaupt zu ihm sagen lassen sollte. Oder wenn, dann erst später. Vielleicht viel, viel später …

Oder den Ton der Geschichte grundlegend ändern, wie wär's damit? Dass sie im Begriff gewesen war, umzukehren, zur Lodge zurückzukehren, als sie ihn sah. Denn jeder, der vom Ufer aus mit Fliegen fischt, hasst Störungen, das wissen wir inzwischen. Also war Helen im Begriff, kehrtzumachen, zur Lodge zurückzukehren, als er ihr zurief: «Hallo!» und winkte – na also, weitere Details, realistische Details, weiterer Dialog –, er rief ihr einfach laut zu, hatte also gar nichts gegen laute Stimmen.

So könnte es auch gewesen sein.

«Hallo!», rief er mir freundlich zu, schreibt Helen und muss es durchstreichen. Es soll in der dritten Person erzählt werden, schon vergessen? Das ist die Vorgabe.

«Wenn ich Sie aufs fiktive Erzählen loslasse, dann auf die dritte Person und AUSSCHLIESSLICH Vergangenheitsformen», hatte Louisa gesagt und AUSSCHLIESSLICH wieder in Versalien gesprochen. «Kein Stream-of-Consciousness. Kein ich-dies und ich-das ... ich möchte, dass Sie Ihre Details prüfen», sagte sie. «Ich möchte, dass Sie sie streng handhaben. Ich möchte, dass Ihre Leser JEDES Wort der Zeile lesen – wie es Lawrence fordert –, der Satz muss über die ganze Länge leben. Ich will keine schnell hingeworfenen, summarischen Storys, bei denen man gleicht denkt: schon klar. Ich möchte, dass Ihre Leser jedem Satz, jedem Detail, jedem Wort folgen.»

Und was ist mit Wiederholungen? Die treiben Helen genauso um wie die Rolle des Autors. Wiederholungen treiben sie schon seit der allerersten Stunde um, als die Kursteilnehmer mit einem einzigen Satz spielen und fünf verschiedene Versionen produzieren sollten, denn als sie zu bedenken gab, dass Wiederholungen den Leser langweilen könnten, hatte Louisa ihr bloß den Handteller entgegengestreckt und gesagt: «Virginia Woolf, Helen.» Helen findet fast alles, was Louisa sagt und wie sie es sagt, anregend und spannend. Dass Schreiben und Leben für eine wie Louisa fast eins sind, dass beides vielleicht gar nichts trennt – der Gedanke war Helen vor dem Kurs nie gekommen. Wäre ihr nie gekommen. Sie entschließt sich, die Bemerkung der Kursleiterin so aufzufassen, dass Wiederholungen gehen, solange sie, etwa aus rhythmischen, aus ästhetischen Gründen, bewusst eingesetzt werden. Überdies können Wiederholungen, wie Louisa ihr in Erinnerung gerufen hat, ebenso Teil des Schreibens sein, wie sie Teil des Lebens sind. Trotzdem, es gibt doch sicher Leser, die anders sind als Louisa, die sich dann langweilen, oder nicht? Helen ist sich über das Dilemma im Klaren, und die verschiedenen Arten von Lesern und ihre Erwartungen an eine Geschichte treiben sie weiter um – obwohl sie ebenso, auch ohne Louisas Anleitung, weiß, dass es mit ihrer Geschichte nicht weitergeht, dass sie sich nur … endlos ausbreiten würde … so sieht sie das, wenn sie tatsächlich zum Anfang zurückkehren und umkreisen würde, was an jenem Tag geschah, es aus einer anderen Richtung anginge, einer anderen Perspektive … und noch wieder neu und anders anginge. Denn es war doch immerhin ein Ereignis, erzählenswert, die Begegnung zwischen ihr und dem fremden Mann vor so vielen Jahren, aber ihr fehlt auch eine … «auktoriale Strategie» – eine weitere Wendung Louisas, die hier angebracht scheint. Nach dem Motto: «Um Himmels willen, das macht jede Geschichte kaputt, zu wissen, dass da irgendwo im Hintergrund ein Autor herumfummelt und plant und plottet und das Ganze strategisch vorantreibt.» Insofern ist das, was Helen hier tut, vielleicht ganz in Ordnung? Alles einfach laufen zu lassen?

Sie weiß überhaupt nichts. Sie hat ihren Stift beiseitegelegt.

Sie weiß nur, was sie damals schon wusste. Nur ja. Ja, ja, ja, ja. Was immer.

«Moment! Gehen Sie noch nicht!», hatte er gerufen, oder nicht? War sie denn im Begriff gewesen umzukeh-

ren? «Ich komme rüber!», und sie hatte brav auf ihn gewartet. Sie hatte ihn immer näher kommen sehen, und als
er da war, roch sie seine warme Ausdünstung, den herben
Schweiß, den ihm der Sprint aus den Poren getrieben hatte, sah, wie weich sein Hemd war, wie braun seine Arme –

«Warten Sie da!», hatte er verlangt, als er nur noch
wenige Schritte entfernt war, und als er sie erreichte, hatte
er die Hand ausgestreckt, nicht um ihre zu schütteln, sondern um ihr seine Finger ums Handgelenk zu legen, es zu
umschließen wie ein Armreif oder eine Handschelle, und
sie hatte absolut, absolut keine Angst.

«Mir war, als hättest du auf mich gewartet», könnte sie
gesagt haben. Das könnte der Moment gewesen sein. Wo
sie ihn in die Arme hatte schließen, ihr Gesicht an seine
Halsbeuge legen, sich von ihm auf das weiche Ufer betten
lassen wollen.

Helen nimmt den Stift wieder zur Hand, lässt ihn noch
mal mit den Fingern ihr Handgelenk umschließen. Bei
der Berührung hatte es sie durchzuckt.

«Sie sind in der Lodge», sagte er. «Der River Lodge.
Sie haben sich eingemietet, nicht? Isobel hat es mir erzählt. Ich wohne dort drüben ...» Er nickte in eine Richtung irgendwo weiter weg hinter Bäumen. «Isobel sieht
auch bei mir nach dem Rechten», sagte er. «Sie hat mir
erzählt, dass Sie eine Woche oder so hier sein werden, mit
Ihrem Mann. Ich wollte vorbeikommen und mal Hallo
sagen. Nur eben, vorhin ... Verstehen Sie, ich hielt Sie für
jemand anderes.»

Zart, zart hielt er ihr Handgelenk, und es war das
Natürlichste von der Welt.

«Seltsam, nicht?», sagte Helen zu ihm.

«Genau», sagte er.

Und dann hatte er sich vorgebeugt, ihr zugeneigt, und sie hatte nach ihm gegriffen ... Und was? Wollte sie ihn küssen? Wollte er sie küssen? Was würde jetzt geschehen? Er sich herabbeugen, sie hochgreifen, sie ihm ihr Gesicht entgegenheben ... Ja, hatte sie gedacht. Ja, ja ... Wird sie das hinschreiben? Obwohl sie sich vorher nie begegnet waren? Er sie nur so überfiel, weil er sie für eine andere hielt? Und obwohl sie sich gar nicht kannten und sich vollkommen fremd waren, gab es doch diesen Augenblick, wo er sich über sie beugte und ...

Aber sie griff gar nicht hoch.

Sie riss sich los und rannte weg.

Obwohl sie sich das so nicht vorgestellt hatte.

Für die Geschichte, meint sie damit. Für die Geschichte. Dass sie sich losriss und wegrannte, rannte und rannte und sich nicht umsah, den ganzen Weg zurück bis zum Cottage, bis zur Lodge, bis sie wieder am Ausgangspunkt angelangt war ...

Denn wie sollte die Geschichte jetzt noch eine Geschichte sein können, bei dem Satz – «Sie riss sich los und rannte weg»? Wenn sie die beiden sich nicht umarmen lässt, ihnen das nicht widerfahren und sie mit solcher Macht überkommen lässt, dass sie nicht aufhören können ... dass er sich vorbeugt und sie hochgreift und ihn küsst. Er sie küsst. Wenn sie diesen Moment zwischen ihnen nicht zur dramatischen Wende macht, einer

Zuspitzung, einer Umarmung, einer sich abzeichnenden Zäsur, ehebrecherisch, übermächtig und gefährlich, sondern nur von dem schreibt, was wirklich an jenem Morgen geschah, von den erwähnten Details, wie passt dann der Titel? «Untreue»?

Die Geschichte hatte doch eine wahre Geschichte sein sollen, eine richtige Geschichte, das war der Plan gewesen. Es hatte eine Frau geben sollen, die, und zwar zufällig am ersten Tag ihrer Ehe, einem Mann begegnete, einem Fremden – der sie vielleicht tatsächlich für eine Bekannte hielt ... Alles gut, konnte alles so bleiben. Aber dann, danach, würde es zu etwas anderem kommen, einer Episode, die sie sich ausdenken und mit der sie das Ganze zur literarischen Fiktion machen würde, zur Erfindung. Womöglich würde sie mit dem Morgen vor so vielen Jahren beginnen, an dem sie allein loszog, notdürftig bekleidet, angezogen nur für ein schnelles Bad im Fluss, im herrlichen Fluss, im «verheerenden» Fluss, hatte sie geschrieben ... Damit könnte sie anfangen. Und dann ... Und dann ... würde sie etwas anderes schreiben, von einer Begebenheit erzählen, einer Affäre, nein, nicht einer Affäre, eher einer Begegnung zwischen einem Mann und einer Frau an einem Sommermorgen, intensiv, körperlich und ja, auch emotional ... Eine Frischvermählte geht am ersten Tag ihrer Ehe fremd. Wie sie hatte fremdgehen, sich irgendwie darauf einstimmen können: *Ehe sie sich versah nämlich, waren ihre Augen offen und fiel Licht durch den Spalt zwischen den Gardinen, hörte sie Vogelsang hinter dem halb offenen Fenster, und im Nu war sie auf gewesen und angezogen, aber ohne Schuhe, ohne Wäsche.* Schon vergessen? An dem Punkt könnte die Geschichte weitergehen, aber nicht in diese münden –

diese andere Version. Wie sollte sie «Untreue» nennen, was sie hier geschrieben hat? Wieso Fremdgehen als Motiv und Stoff, als Grundidee der Geschichte, wo doch nichts, gar nichts passiert war?

Nur dass sie in ihrem Leben nichts Vergleichbares je wieder erlebt hat. Nicht später, als sie ihren Erstgeborenen im Arm hielt, auch nicht beim zweiten, dritten, vierten Kind, nicht wenn sie sich, wie sie es wieder und wieder tun sollte, ihrem Mann zuwandte, aus Liebe, Verlangen und Behagen ... Nichts sollte ihr je wieder widerfahren, was ihr solche Kraft abverlangte, jedes Quäntchen Stärke und Willenskraft, die in ihr steckten, um nicht schwach zu werden, um sich wirklich losreißen und wegrennen zu können. Nichts war je auch nur annähernd zu vergleichen gewesen. In den ganzen vielen Jahren ihres erwachsenen Planens und Strebens und Überlegens hatte nichts diese Frau, diese Helen, die ihr Leben lang bei sich gewesen war, sich kannte, auf sich achtete, sorgsam mit sich umging, jemals so schockartig, so vollkommen, so erschreckend unvorbereitet überwältigt und doch keinen Schrecken geborgen, sondern einer Sehnsucht entsprochen. Als wäre alles andere zweiter Hand, alles irgendwie zu sehr geplant, bedacht oder vorbereitet, ihre Ehe, ihre Kinder, ihr Leben, alles wie eine Geschichte angelegt, im Voraus überlegt und gewägt, gebaut, erahnt, imaginiert und absehbar – nur das, diese paar Sekunden mit einem Fremden, seine Finger um ihr Handgelenk wie ein Armband ... das ... dieses Detail ...

«Mir war, als hättest du auf mich gewartet», sagte sie.

Das kam von woanders.

Na gut, Helen, denkt sie, nimm das alles in die Geschichte auf. Nimm es auf, wenn es geht, aber wie sollte es? Er hatte nichts getan, es war zwischen ihnen gar nichts passiert, und doch wurde in diesem winzigen Splitter Lebenszeit alles verbrochen, jede Schandtat. Jede Lust. Jedes Verlangen. Jeder herrlich niedere Akt. Sein Name war ... Wie war noch sein Name? Hatte er sich überhaupt vorgestellt – als er dort vor ihr stand und ihr Handgelenk in den Fingern hielt, hatte er ihr überhaupt seinen Namen genannt? Sie hatte sowieso kaum etwas gehört, so rauschte ihr das Blut in den Ohren.

Helen weiß längst, dass sie ihre Geschichte noch mal gründlich wird durchsehen müssen. Bestimmte Wörter, Sätze müssen geschützt werden. Überschrieben werden irgendwie. Umschrieben – der Teil am Fluss und dass sie nur notdürftig bekleidet war ... Sie wird aufpassen müssen, wie die Leute lesen, was sie geschrieben hat, beziehungsweise wie sie es deuten; es gibt in ihrer Erinnerung einiges, was sie vielleicht doch lieber nicht in eine Geschichte packen sollte. Selbst wenn sie sehr fiktionalisiert, daraus eine Affäre macht, gewollt ehebrecherisch ungeachtet der Konsequenzen, und alle, die vorkommen, zu Figuren mit erfundenen Namen und Gesichtern und Leben ... Das Konzept von Geheimnissen als Leitmotiv zu wählen ist eine Sache, und auch, daraus eine Geschichte und ihren Titel, «Untreue», abzuleiten, eine ganz andere aber und falsch, das, was ihr widerfahren ist – was wirklich geschah, und sei es vor langer Zeit –, in einen Text zu verwandeln, der Neugier weckt, den Lesern Lust bereitet. Das wäre falsch, für sie, für ihre Kinder, ihre Ehe, es wäre zutiefst falsch.

«Gehen Sie noch nicht!», hatte er ihr nachgerufen, als sie sich losriss und wegrannte. Aber sie hatte sich nicht umgesehen. Er hatte noch etwas gewartet, zweifellos, aber sie hatte alle Kraft aufgeboten, nicht schwach zu werden, nicht stehen zu bleiben, nicht umzukehren zu ihm.

Sollte sie also vielleicht doch «Untreue» als Text beim Schreibkurs einreichen? Obwohl die Kursleiterin ihnen aufgetragen hat, etwas zu nehmen, was wirklich geschehen ist, dann werde «aus den Details schon eine Erzählung erwachsen». Also: das Licht. Die angemietete Lodge. Die Blumen im Garten. Und obwohl ich mir das für Helen alles vorstellen kann – die ganzen Details einbauen kann –, sehe ich jetzt, dass so zu schreiben für Helen vielleicht nichts ist.

«Gehen Sie noch nicht!», hatte er gesagt, aber da war sie schon vor ihm auf der Flucht, war schon losgerannt.

«Kommen Sie zurück!», rief er ihr hinterher, aber sie lief schneller und schneller und merkte im Laufen, dass sie weinte, schluchzte, dass ihr schreckliche Töne entfuhren, wie Tiergeheul, ihr ganzer Körper durchgeschüttelt vom Weinen, während sie lief und lief, zurück zu dem kleinen Cottage, das sie mit ihrem Mann für die Flitterwochen gemietet hatte, die ersten beiden Wochen ihres Ehelebens. Sie lief am Cottage vorbei, weiter am Ufer, am Fluss entlang bis zum Meer und über den Strand, auf dem die Wellen sich brachen, sie lief, bis sie nicht mehr konnte, und da blieb sie stehen, blieb endlich stehen und wartete, und das Weinen ebbte ab, und sie kehrte um und folgte langsam, im Schritttempo jetzt, dem Weg zurück zum Tor zu genau dem Cottage, in dem sie abgestiegen waren.

Untreue.

Irgendwann in den langen Jahren, hatte Helen gedacht, würde sie schon mal jemand von dem Morgen damals erzählen. Vom Tag nach der Hochzeitsnacht, der frühen Stunde und was geschehen war. Sie hat immer geglaubt, dass sie es eines Tages sogar vielleicht verwenden könnte, es aufschreiben wie konstruiert, ausschmücken, meinte sie damit, um das, was ihr widerfahren war, zu literarisieren, fiktionalisieren, daraus eine längere Kurzgeschichte machen über einen Moment im Leben einer verheirateten Frau, einer Frischvermählten – vielleicht im Rahmen des Schreibkurses, für den sie jetzt, wo ihre Jüngste in die Oberstufe kommt, Zeit hat und deren Leiterin ihr gesagt hat: «Details, Helen. Mehr haben wir nicht.»

Doch jetzt, wo die Details sie bedrängen, wie soll sie das Geschehen jemals zu einer solchen Geschichte machen? Einer Geschichte wie so viele Geschichten: von Liebesaffären, Lügen und Sex? Wie sollte sie sich in dieser Weise von sich selbst entfremden können, einem bestimmten Morgen, an dem nichts geschah und doch alles? Louisa mag zwar gesagt haben: «So funktionieren Geschichten nun mal, Helen. Schreiben Sie die Details nieder, und Sie werden schon sehen. Aus nichts ... wird alles.» Trotzdem. Wie könnte Helen je dieses «alles» schreiben? Wo ihr Mann es doch lesen würde? Ihre Töchter? Ihr Sohn? Wie könnte sie schreiben, dass es eine halbe Stunde später, als sie den Strand verlassen und zur Lodge zurückgekehrt war, wo sie und Richard einquartiert waren, keine Spur mehr von dem Gefühlssturm gab, der an jenem Morgen in ihrem Körper und ihrem Kopf gewütet hatte? Dass sie einfach so ins Haus zurückkehren konnte, durchs Gartentor gehen, erneut den Rasen überqueren, auf dem der Tau verdunstet war. Die Vögel sangen nicht mehr. Es war heiß und still.

Sie versucht es: «Dort lag es, das Cottage», schreibt sie, «genauso, wie sie es zurückgelassen hatte», bricht jedoch ab. Sie sitzt ein Weilchen vor den Seiten mit den Sätzen und Absätzen, dann rafft sie sie alle zusammen und wirft sie in den Papierkorb.

Nein, sie kann die Geschichte nicht schreiben. Sie wird sie nie schreiben können.

Stattdessen öffnete sie die Tür und trat ein, aus dem goldenen Morgen ins Dunkel. Und leise, leise schlich sie sich den dämmerigen Flur hinab zu ihrem Mann, der nicht einmal aufgewacht war und immer noch schlief.